Library of
Davidson College

letras mexicanas

HERIDAS QUE SE ALTERNAN

FRANCISCO CERVANTES

HERIDAS QUE SE ALTERNAN

letras mexicanas

FONDO DE CULTURA ECONÓMICA

Primera edición, 1985

D. R. © 1985, Fondo de Cultura Económica, S. A. de C. V.
Av. de la Universidad, 975; 03100 México, D. F.

ISBN 968-16-1837-8

Impreso en México

Este libro, como casi todos los míos, se debe en mucho a la ayuda generosa y brillante del extraordinario poeta y gran persona Álvaro Mutis así como a Carmen, su excelente compañera. También quiero agradecer la amistad de Valentín Domínguez, inteligente y lúcido lector de poesía.

A Bia Wouk y João Almino, cuya simpatía y amistad —vigilada por esa discreta calidad de inteligencia sin ostentación— me permiten considerarlos afectivamente.

A Newton y Lidia Freitas

ism. Los varones señalados

As armas e os barões assinalados
Luiz de Camões
Os Lusíadas

*Un barão assinalado, sem brassão
sem gume e fama*
Jorge de Lima
Invenção de Orfeu

EL SUEÑO DEL JUGLAR

el juglar duerme su sueño de cadáver
su olvido de mariposa su sueño de alfiler
y la memoria oh la memoria gastada de los dioses
de cuando en cuando posa su ala desplumada y
                                      [desplomada
sobre el recuerdo de su cuerpo
y entonces la canción se escucha lejana y vuelven
los ecos de campañas de lanza y flecha y culebrinas
y prometidas esperando el regreso de los suyos campeones
y pudo ser que sólo recibieran el esqueleto dentro de la
                                              [armadura
o una mancha de sangre impresa en el guantelete
o un banderín ajado por la muerte
y sus ojos se hayan llenado de rencor contra del muerto
y el siglo se les haya poblado de fantasmas y dragones
oh la conquista de esa locura de reinas
los cantos de juglares hambrientos o juglares satisfechos
barrigas son los cantos los corazones botas
de un vino viejo y sin mancilla
si tú lo oyeses ese canto amada
si supieras que he venido a rescatar nuestra alegría
y me encuentro súbitamente preso en mi agonía
y entonces las voces caducas de juglares
vuelven a resonar en mi nostalgia
quien escuchara esa voz que no supiera
estar detrás de su sueño como un escudero
ah ya no estamos en el campo he sido derrotado
y ya no ondea mi banderín campea la corrosión
y el sueño no vuelve a construir los muros de ansiedad
la espada no flamea más al ser desenvainada

ni ruge encerrada en su prisión
el corazón no saca su voz de perro
ni se guarda la mugre sin el sueño.

ANTES DEL ACTO

una noche en la oscuridad horadada por mis ojos
bajando al sueño al que no había descendido
al sueño que no había nacido en las orillas de mi lecho
de noche oigo esos pasos que son míos
los oigo cómo pulen baldosas y pasillos
mientras metálicas puertas exclaman detrás de ellos
pasos que se oyen cada vez más lejos
en tanto que candados y cadenas dicen su herrumbroso
[nombre
al chocar con llaves nombres que acompañan
a los gritos monótonos de los carceleros armados con
[ambiciones de usurero
uno tras otro siempre en filas ordenadas
de pronto mientras esperaba oír el paso de la procesión
he sentido que el silencio irrumpe brutalmente
y es que he llegado a la celda que buscaba
donde *duerme su sueño de cadáver*
su olvido de mariposa su sueño de alfiler
el juglar mi antepasado y descendiente
que viene entre mis glóbulos entre los glóbulos
de diez de cien generaciones
brotando sobre la tierra erizada de piedras
buscando nuevos recipientes
he llegado a la celda donde
duerme el juglar al pie del real preso
quien cada vez que se despierta
hace cantar al juglar hazañas guerreras
como aquella donde los caballeros todos

quedaron dispersos por el campo de batalla
callados en su gloriosa muerte
envueltos en su halo metálico
aquellas gloriosas victorias
en que el pecho del ahora real preso rojo por enemiga
[sangre
latía como su espada
al separar cuerpos y cabezas
y he aquí los cantos sus gloriosas relaciones.

LEMA Y DAMA

era una bella
de gran dulzura ligeramente obesa
con esa gran dulzura perruna
que tienen las mujeres gordas
el caballero no conocía oración más eficaz
en los momentos de peligro
que el nombre de su dama
ni existía virgen de quien fuera más devoto
los colores de sus armas no invocaban
sus victorias sino la piel de su amada
el vestido de que la despojara
la primera inolvidable noche
de todas sus contiendas no guardaba memoria
no así de las expresiones corrientes de su dama
o de su risa o de sus gestos
tal era su actitud tal fue su recompensa
la que le fue entregada a todo lo largo de su recorrido
no de una y definitiva vez
ni más placentera ni mejor victoria nunca tuvo
a todo lo largo del camino recordó
cada uno de los miembros del cuerpo venerado
y cada una de las entonaciones de la voz
y aun los sollozos que en el lecho
nacían de la garganta que él amaba
y las palabras ora dulces ora soeces
de los momentos en que la comunicación se consumaba
más estrechamente unidos
por más extremos de sus cuerpos

todos esos ruidos en su lápida
que pesa sobre sus huesos sin fatiga
mejor epitafio y más bello hubieran hecho
que un verso de cualquier maestro de la trova
y fueron el más alto premio
la bienvenida más notable que tuviera
al regreso de todas sus batallas
aquí no se narra más
su lema de todos conocido
pero no de todos entendido
decía *ama sobre la tierra como bestia*
y muere pronunciando esas palabras sólo suyas
aquí se habla de su lema
y ha poco de su dama
de sus armas las realmente poderosas
fueron su altivez
su magnífica sangre de bruto
y su terquedad a prueba de delirios
¿de tal caballero el nombre?
el de la Inquieta Espada
tal era su actitud tal fue su recompensa.

COMBATEN DOS ENEMIGOS DEL
DE LA INQUIETA ESPADA

principiaba la noche
cuando los mandobles empezaron
a dos manos se encontraron
los caballeros a mitad del bosque
haciendo cantar de furor
los filos más duros que la roca
de sus espadas cuyo peso
atestiguaba la nobleza de quienes las empuñaban
las armas de uno negras
y las otras verdes de un verde desesperanzado
y solitario
ambos con el rostro al aire
resoplando por el esfuerzo y el combate
luchaban por algo tan sagrado
como el derecho a ser el primero
por algo tan sagrado
como su honor de caballeros
la noche se fue haciendo espesa
y los mandobles impedían el sueño
a los animales del bosque
y cruzándose tratando de vencerse
pasaron horas de sonoro y destemplado canto
las armas sus fronteras melladas
las manos doliéndoles porque los guanteletes
ni las armaduras protegen manos o cuerpo
del agotamiento cansancio o melladuras
la aurora los sorprendió batiéndose

con sus dos manos sosteniendo su pesado renombre
uno de ellos acaso el que más noches de amor
cerca del combate hubo
cayó mientras su espada callaba
y su armadura al llegar al suelo sonó como la piel vacía
                                              [de un alma
no se movió ya más
y aquel que a duras penas se mantuvo en pie
supo que el caballero de las negras armas
había muerto sin más heridas
que sus poros que su respiración
que sus noches de amor en su terrible cuerpo.

EL DESTIERRO

ningún sol brilló como su espada
ay qué vale el valor a toda prueba
el renombre ganado y visto a través de las heridas
hechas en campos enemigos
estando siempre de parte de sí mismo
del lado suyo y justo
el valor y sus armas
así como el renombre que éstas arrastran
todo fue repartido entre los caballeros
con cuyos yelmos señaló su camino
en cuyas agonías resonó su nombre acompañado por las
                         [más groseras maldiciones
sus amigos los que tales se decían
se dispusieron al festín
de lo que de él quedaba memoria lastimosa
habiendo ido al destierro
lo que a fuerza de constancia
era la cota de malla del honor del caballero
qué fácilmente fue al destierro
él de quien ni sus más encarnizados enemigos
creyeron capaz de alguna infamia
pero sí fueron capaces
lo enviaron al destierro
su honor tan erizado y firme
tal su cabello
que sólo en batallas o torneos
el yelmo escamoteara
las razones del destierro nunca fueron claras

creo que ni siquiera para aquellos que para eso intrigaron
no había un desprecio definido
ni envidia a flor de la armadura
(¿serían la envidia el desprecio
alguna melladura?)
los caballeros tuvieron su castigo
en todas las heridas que nunca le pudieron inferir.

ADSUM

deteneos ésta es la tumba
él mejor hubiera querido
no dejar por botín su cuerpo
a la tierra tan voraz
tal el olvido más lento
a él parece no importarle
está muerto
sus huesos ablandados mordidos
por hormigas y tierra
sus hazañas a nadie referidas sino a él
devoradas por el musgo calumnioso
y las notables por humanas
luciéndose como armas
en campos de escudos enemigos
ha muerto como nadie lo sabe
sólo él el de la Inquieta Espada
quieto desnudo de su fama
no sé imagino su sonrisa
la sonrisa de todos sus huesos que sonríen
al conocer el resultado que esperaba
la soledad porque luchaba
ellos no lo supieron ni su lema lo decía
sí lo supo su dama sí lo supo
por eso lo enviaron al destierro
se repartieron entre sus enemigos
todo lo suyo así sucede siempre
ni siquiera una mueca de desprecio
tuvo vivo o muerto para ellos

cuando luchaba combatía
o su espada abría compuertas a la muerte
no era tanto por una "causa"
y cuando amaba oraba
era sólo por el afán de estar solo
lo más pronto posible
de gastar el vanidoso compañerismo
que alguna vez quiso rodearlo
y que se transformó en el muro de su enemistad
esto lo comprendió bien en el destierro
allí fue preciso que supiera
después no podría saberlo más.

MAMBRÚ

a John Page

no vino a despedirse
no lo vi
Mambrú se fue a la guerra
qué dolor qué dolor qué pena
no sé cuándo vendrá
de él sólo recuerdo su capa purpúrea
su caballo alejándose con lentitud
detrás su joven paje
más joven que él si esto es posible
fue una tarde fría
pero había sol
¿o el frío sólo lo sentía yo?
pasaron días y días
se fue en silencio
su padre le dijo adiós desde el puente levadizo
su recuerdo su figura eran cada vez más imprecisas
si vendrá para pascua
qué dolor qué dolor qué guasa
o para la trinidad
así vino la pascua
y se llegó la trinidad
La trinidad se acaba
qué dolor qué dolor qué rabia
Mambrú no viene ya
arriba de la torre
el viento parecía cantar
me he subido a la torre

qué dolor qué dolor que corre
do re mi do re fa
para ver si aún vendrá
hasta esta tarde triste
en que he visto venir por el camino
el traje vistoso desgarrado
su lento paso de derrota
por allá viene su paje
qué dolor qué dolor qué traje
do re mi do re fa
qué noticias traerá
entonces recordé
no vino a despedirse
no lo vi.

LEYENDA DE MI SABLE

paso a paso la noche va enfriando los tejados de zinc
las cascadas las correas de las máquinas
los fondos agrios de miel empobrecida
y esa navaja sin brillo
sin la opacidad producida por la sangre
sus filos de una discreción
que no es posible conocer
tal su profundidad y consistencia
la navaja que penetró sin violencia en mi cuerpo
y que una noche de hastío como ésta
en que estoy hablando con ustedes
fue descubierta por mi vista
cuando buscaba algo a que aferrarse
antes de empantanarse en el sueño
la navaja estaba reblandecida
mi carne le dolía
y mi sangre no hallaba asible su metal
diría que lo ignoraba
y hoy esperando la llegada del sueño
sin nada a que referirme
ni relatarle a mi silencio
me he acordado de aquella navaja
la he buscado recorriendo mi cuerpo
ni una cicatriz narra su vaga estadía
y dudo de que se haya alojado en mi cuerpo
incrustada
soledad has descubierto

este mundo de fácil regeneración
allanable sin dificultad
donde gritos y blasfemias en vano se obstinaron.

LA NOCHE DEL CORNO
LE GRAND CLAQUIN

Pae, foste cavalleiro.
Hoje a vigília é nossa.
Dános o exemplo inteiro
E a tua inteira força.
Da, contra a hora em que, errad
Novos infieis vençam,
A benção como espada
A espada como benção.

FERNANDO PESSOA

i

Agudamente fieramente
piedra que baja por una escalinata
por propia voluntad con toda calma
sonaba golpeándose contra la noche
eco reflejándose en el foso del castillo
se reflejaba a pesar suyo
oh no era dócil herramienta de tortura
de lo oscuro no lo era
ni entonación tenía de ordenada insistencia
como la que anuncia al héroe
de la agonía tenía los altibajos imprevistos
en cuyo trance se amanece
con la vida dispersándose como ceniza
así tronó su voz allí en la alcoba
aleteó en las ventanas se paseó por el techo de roble
entonces los padres miraron
decepcionados vieron
aquello que sostuvo la partera entre sus brazos
gritó gritó gritó
nada les dijo el grito
salvo que podría destruirlos
luego se miraron entre sí
después de largo rato
sólo dos palabras pronunciaron
Qué Feo
tal fue la bienvenida
allí tuvo su primer aprendizaje
después había de recibir

una llave pesada para su conciencia
sin la que abrió el camino que sólo él recorrería
ah respiremos
veamos la noche estrechándose en torno al castillo de
                                                     [hidalgo pobre
veamos en el sueño aquello de lo que no nos acordaremos
                                                       [más
si alguien nos pregunta
sólo daremos testimonio
oh testimonio no tendremos.

ii

Se encuentra entre doncellas
está desnudo y no tiene vergüenza
su sexo cuelga entre sus piernas como un mazo
lo miran sin decir Qué Feo
lo observan se le acercan en silencio
en larga pausada hilera
una sola se adelanta
se borran su cuerpo sus facciones
la dulce acogedora grieta entre las piernas femeninas
se desvanecieron los pechos cuando se le aproximaban
el dulce hálito de lo que está a punto de ser cierto
se despierta
sale del lecho y va al campo con la madrugada por
                                                        [pajecillo
grandes distancias lo contemplan
su espada su cabalgadura
cómo hablan de su tránsito
su lenguaje es el destrozo
se detiene empuña la ballesta
un ciervo nunca más trotará en el bosque
mientras levanta su víctima
y la cruza sobre el lomo del caballo
piensa en otras presas más deseables.

iii

Han caído
oh caballeros de la empolvada honra
han caído todos
menos uno
él siente cansancio
su brazo tolera más victorias todavía
de las que el filo del arma pueda responder
ya llega el último adversario
monta se cubre empuña la lanza
con esa fatiga intolerable
de quien acepta y representa
con toda realidad
la farsa de estar vivo
observa el enemigo porte
el desplante pronto vencido que será
sonríe poco vale vencer o ser vencido
nada importa la deshonra que sería triunfar
triunfar sobre los años y la propia sangre
él quisiera batallar y ser el victorioso
o llegar a la derrota
o ser odiado por ese enemigo que es su precursor carnal
o aun aceptaría el destierro
pero cualquier cosa que haga
la dará un mártir a una causa
será como sacrificarse en aras de algo
él no acepta fe ninguna
ni siquiera de la rebelión la fe
contra qué va a rebelarse
¿de qué va a ser ejemplo y para quiénes?

¿Qué le importa vencer o ser vencido?
acaso preferiría esas gelatinosas situaciones
uno de esos fáciles caminos
detiene su caballo desmonta y se descubre
el adversario lanza un juramento
también desciende y se descubre
allá en el graderío
mil guantes derechos chocan con izquierdos
entre un estruendo de leyenda.

iv

Pasan las nubes por encima de su lecho
escucha la respiración de la canalla que lo sigue
nadie más hubiera podido dominarla
lo que la soldadesca vio en su feo rostro chato
ese desdén aun de sí mismo fue
y de su boca oyó salir crueles consignas
pronunciadas con una convicción que nunca tuvo
no duerme esta noche no
piensa en su búsqueda de la aniquilación
la suerte le ha dado nombre de prudente para el mundo
salta del lecho
camina por el bosque
repasa todos los rostros que ha tenido
toca sus recuerdos busca abultamientos
algo a qué aferrarse
sus sollozos romperían su armadura si la tuviera puesta
no hace ningún ruido
tampoco sus ojos denuncian su presencia
nada anuncia que el héroe ni lo es ni nunca fue
el azar no lo permite
oh no le importaría
que toda su gente y la amiga y la enemiga
lo vieran descender de su constancia
el hado
no permitirá que se le vea
el hado ha preparado la noche
espesa como larva de soldado.

V

Oh cuántos cautiverios más
cuántas banderas más le esperan
antes del descanso
y esa debilidad terrible por las sombras
prisionero de su calma
más que de antagónicos castillos
se pasea luciendo una agitación que no sintiera
como si su celda fuera una fogata
cerca de la cual se le habría atado
muerde su fama acaso
más dura que el acero de esa daga
que lo mira cuando recuerda otras hazañas suyas
¿Qué es lo que escucha cuando se contempla
a dónde va sin moverse de su celda
hiriente y dulce cual su nombre
que no le corresponde
qué es lo que se angosta en torno a su garganta
qué es lo que corroe el hilo que lo tuvo cogido de por vida
para que sólo fuera él
o cosa parecida?
todas sus maldiciones tienen un olor furiosamente sujeto
tal vez así debieran oler las maldiciones.

vi

El rey ha muerto el suyo desafiante
mira el cadáver conquistado
la muerte le sonríe
mostrando el único diente de su daga en el pecho
[del rey muerto
ha dicho ya la frase que pensó
para ese momento tan solemne
nadie notó su falsedad
porque todos estaban convencidos por la acción
tal hecho notable como la frase falsa
falsa o verdadera poco importa
como sincera la escucharon
porque eran sinceros en su miedo
un crimen para ellos era más que un acto vulgar
sobre todo si se piensa en que daba igual
que se derramase la sangre de uno o de otro lado
porque era la misma que llevaban
aquel que hería y el muerto
ahora sigue oyéndose esa frase
y él grueso chato errante
casi negro
mira a su rey que nada dice
y que jadea satisfecho
como después de haber hecho el amor
los caballeros en escena
dan la espalda a los tres personajes
que animaron tal hazaña
aunque uno sea sólo una piedra más

vestida ricamente
una reblandecida piedra
envuelta en el don más preciado
el que hace circular la vida con fiereza
por todo cuerpo noble o plebeyo
pequeño reducido solamente a lo que fue y es.

vii

Apenas oye las voces tan caducas como él
tal las bocas que lo vomitan
entre alabarderos avanza con ellos a sus espaldas
oh qué le queda por oír
sino el sonido a guijarro de la victoria
sólo para quienes creen en algo suena a metálica alegría
o a presagio de otra vida ésta sí gloriosa
conoce el salado oleaje de la enemiga espada
sabe del brillo adverso que circunda
como un cerco que él abre y cierra a voluntad
imán que es él
saca su fatiga
se la pone
pero ahora conoce el aire derrotado de quien triunfa
el hambre y la sed le fueron gratas
acaso su espada se negará a salir de su vaina
ajustándose a los filos
como debe ajustarse al cuerpo suyo su armadura
primer anticipo de la tumba
que la tierra ajusta a la memoria de los muertos
que nunca a sus cadáveres
de los cuerpos
hace una pasta con la que aviva el frío
que duerme enroscado en el fondo de todas las pasiones
fieramente afiladamente rodeado
fielmente envuelto en su cansancio
aquel que siempre le acompaña

apoyado en su soledad como en su sombra
cayéndose por ya pertenecer a la leyenda
pero aún más noble que ella.

viii

Regresa la misma noche de oscuras franjas
lo despide
agita unas listas levemente menos negras
sólo él distingue sus tentáculos ondeantes
sólo él sabe qué sucede
a quién la noche le desea que olvide
a qué de siglos le desea reposo
comienza a soñar y oye lamentos
algo se queja afuera de su tienda de campaña
alguien susurra entre los estandartes
algo que enmohece los huesos
que mella las armas
y él siente que su cuerpo gira
que algo lo envuelve en un áspero lienzo
pero dulcemente doloroso
no se alegra ni resigna
no protesta ni bendice
no llama a gritos a su confesor
llegan las llaves de los vencidos
no encontrarán salvo el silencio
la muerte desbordándosele por ojos y axilas
no está más
no quedan allí más que un par de armaduras
había una blasfemia tronando en una de ellas
dura fuerte chata errante valerosa
y ahora cae de la cama
a la tierra suelta
al polvo

al polvo regresa
al fin vuelve a la tierra
cae de su existencia
hacia la historia
él que nada persiguió salvo su muerte
muere sin saber que sólo en parte muere
con un crujido de satisfacción.

ix

Ay voces de niños que lo invocan
ay si solamente fueran ellos
él pasa oscuro maldiciente feo
precediendo a su fealdad
y a la gloria que arrastra
pasa silbando como el fuego
contra un bosque resinoso
qué bueno que lentamente se le olvide
pero cuando menos que se le esté olvidando
yo colaboro a su eterna sepultura
lo desnudo
C'est le cor
du Grand du Guesclin
que vient de s'entendre
dans la nuit sereine...

TEÑIDA LA YERBA ESTABA

Bajó de sus sueños cuando descendió de su caballo
y miró al inmóvil y vencido enemigo.
Levantóle la visera y observó su cara:
no era ruin su rostro, ni ruines las heridas que le hiciera;
y nobles los ojos que le devolvían su propia mirada eran,
mas acaso también consolatrices.
Desenfundó su daga, y con un golpe seguro
atravesó de parte a parte, hasta tocar tierra y chorros de
                                                     [sangre,
atravesó el cuello del caído.
Entonces los párpados del ya para entonces muerto
volvieron a su sitio original.
Teñida la yerba estaba
en la que se apacentaba la cabalgadura del campeón,
hasta la extinción ya derribado.
Entonces nuestro héroe, el noble caballero,
hermano de la más bella y dulce orden,
quiso llorar. Se vio caído así,
y después vio montar al enemigo,
mientras él sentía que la tierra lo arrojaba como lava.
¡Ah! ¿Cuál es el muerto y quién aquel que sobrevive?

CABALLERO A LA MODA

TÉCNICA

Aprende a tramos cortos,
a sacudimientos iniciales,
a duras cristalizaciones de memorias,
a grandes derrumbes
en los que tienes que aferrarte al vacilante hielo,
mientras cae la luz de un sol harto cercano.
Aprende el gelatinoso nombre
de la continua alteración que significa vida,
rompe con la palabra *efímera*
y practica la técnica del superviviente
hasta tocar la orilla de ti mismo
y caer hacia la negación,
o a la afirmación o a lo que sea
aquello que llamamos muerte,
así, con gran descaro,
sin conocer siquiera su significado,
que no es significado ni cosa parecida,
ni es de nadie propiedad, ni posible es conocerla.

DESPUÉS DE ESOS EMISARIOS

Empezó enumerando sus haberes,
hizo acto de contrición,
pidió perdón a todos los que recibieran daño de su mano
orando arrepentido.
Mandó llamar a sus hijos, que entraron
de uno en uno al dormitorio.
Para todos tuvo una frase de arrepentimiento
y le supo asignar a cada uno sus deberes,
así como sus amplios beneficios y derechos.
Después vino la esposa.
Elogió extensamente sus cualidades;
agradeció su compañía, placer y la fidelidad que le
[guardara.
Pidió el respeto debido a su memoria,
encargándole el cuidado de su nombre
que celosamente mantuviera en alto él en vida,
e hizo el inventario de la herencia que le correspondía,
además de encargarle la administración de los bienes de
[sus hijos.
Los amigos llegaron más tarde.
Supo de la tristeza de los que le quedaban,
pero del cariño de ellos no se arrepintió.
Su agradecimiento fue más bien un balbuceo afectuoso
que palabras entendibles,
mas ellos supieron comprenderlo.
Un último favor solicitó.
Fue que viesen por la bondad moral y material de su
[familia.

Después entraron los sirvientes.
Los miró en silencio brevemente.
Pocas fueron las palabras que dijera,
pero acaso eran las más sinceras pronunciadas.
No hubo arrepentimientos,
ni encomiendas,
ni agradecimientos.
Tan sólo una despedida
detrás de la que había un vago sentimiento de tristeza,
que probablemente fuera
la mayor proximidad a la desaparición.
Cuando se hubieron ido los criados,
se puso a silbar una tonadita de su infancia.
Así pasaron unas horas.
Recitó varios pasajes del Dante y del Cantar de los
[Cantares.
Después, abrió el poema de Virgilio
que a su lado estuvo mientras tales cosas hizo.
Y así, mientras leía la *Eneida,*
le llegó un denso vapor que le empañó la vista
e hizo espeso el silencio de su cámara.
Al final, llegó la muerte, después de esos emisarios
y recibió una de las dos bienvenidas convenidas con el
[hombre,
se llevó lo que era suyo en reciprocidad.
¿Qué más puedo contaros de la muerte
que no sean estos gestos precisos de alguien que la recibió?
Sabedlos pues, que os aprovechen.

i

En plena tarde cayó su nombre
entre los que fueron asombrados...
De la negación llegó el repique sofocado, como de metal
[envuelto en trapos.
Eran regiones donde no se sabía de la memoria
y cada palabra era nueva y sin relación ninguna,
era un principiar constante
y un volver a lo que estaba antes de lo primitivo.
Así llegaban las existencias,
así se las tragaba el olvido
que es el paje de la muerte.
Oh nobleza, oh suelos que se marcan porque esa huella
[perdura
y no se sabe quién la hizo,
pero si se sabe, es que se recuerda al hombre,
el aspecto, y algunas costumbres suyas o la carencia de
[ellas.
Pero quién era, lo que realmente era,
no se recuerda, porque acaso ni en vida suya se supiera.
Nadie sabe quién es. Sabe su nombre.
Sabe sus deseos y sus derrotas,
la opinión de los demás, una vez que ha aprendido
[demasiado.
Ah, pero pocos saben que no son sino imágenes, reflejos,
solamente un río muy fácil de ser ignorado
y al que le es fácil ignorar lo que le rodea,
pero más fácil es dejar de ser,
sólo que se requiere un gran coraje.

El agua que pasa y la que se evapora
son un solo silencio unido
al agua que las ve pasar.
El verdadero nombre del ser humano,
la materia de que está formado,
su cualidad, su tiempo,
su localización en lo que se sucede, entre lo vivo,
en el lenguaje se designa con un signo,
signo llave, signo sexo
masculino y femenino,
pero uno cada vez y siempre a la búsqueda de quedar
                                        [girando, detenido,
en esa postura que una vez soñó
y a la que, despierto, tuvo la desdichada idea de llamarle
                                        [*eternidad,*
y en cuya persecución gasta su vida
ya de suyo fugaz como el parpadeo de los antiguos dioses,
que también eran vulnerables y mortales,
porque su eternidad sólo era
una medida mayor
que la que tenemos hoy los habitantes de las horas y los
                                                  [días.

ii

Si le fuera dado, aceptaría su nombre
y todas las transitorias cualidades
que consigo lleva...
También recibiría el peso
de todas las desventajas que se atraen al invocarlo,
llamándolo por sus sonidos esenciales,
tomándolo por la palabra en que se agita,
como un microbio en cualquier líquido viscoso.
Ah, el hombre, el ansia, la inmortalidad...
Cómo se desfiguran sus contornos cuando lo roza la
[muerte,
como si en esos momentos no fuesen
el amigo, el hermano, la esposa, el padre quien se muere,
sino él, que siente el tacto, la materia
que deja de ser otra cosa y vuelve a su noble tarea de ser
[sólo materia.
Asideros tiene el hombre
con los que se le puede hacer cambiar de posición.
No es más que una forma de la moda,
algo que ya fue dicho
y se repite de alguna otra manera
en la retórica del tiempo,
en el gastado y siempre diferente transcurrir,
de ciclos que se suceden sin ninguna interrupción
pues cuando la hay, ésta es parte de ese ciclo
y no algo imprevisto.
Lo que no alcanza persigue el hombre
y sólo alcanza lo que toca,

porque no es él, es sólo el resultado de un manotazo del
[azar
que se abate después de un cálculo hecho en siglos.
Lo que se va y regresa, lo que se evapora y reaparece,
nunca es lo mismo aunque lo sea
ni el retorno es retorno,
aunque regrese en mil variados contornos
o en repeticiones fotográficas.

iii

Vanidad de vanidades, todo es vanidad,
tu nombre húmedo de tanto repetirse
saliendo siempre de la voz que lo volcaba,
ah tu nombre juguetón, tu nombre niño,
tu nombre amante,
tu trompeta-nombre
sonando a lo lejos como guerrero augur,
y en la intimidad de nuestra alcoba.
Oh errante curvatura del silencio,
porque lo provocaba, porque lo ponía
y allí donde quedaba se engrandecía
y pocos se atrevían a mencionarlo,
mas es verdad que alguno había,
sumiso y celebrante alegre de tu fugacidad,
había alguno que oficiaba en tu nombre,
sin importarle tu vaciedad.
Al menos sabían que eres vacua, pero que todo es así,
vacío, y que tú menos que nadie eres la excepción,
pero que seguramente en ti encarnó
la perezosa y cautiva realidad.
Nada puede nombrarte, ningún nombre
abarcaría tu flaca grandeza,
tu caducidad tan manifiesta,
tu valerosa anunciación,
sólo "los inmortales" no te aceptan,
sólo ellos temen la desaparición.
Ahora decidme, oh señora, ¿por qué dejáis vuestros jirones
para el placer superficial de los que os negarán,

por qué indicáis la dirección correcta
si sabéis que ellos prefieren la dirección equivocada,
la amable, dulce equivocación?
Decidme, ¿por qué vuestro nombre es el astroso manto
[del escarnio,
cuando todo en la vida os menciona a cada paso?
En realidad vuestro nombre secreto es el nombre de la
[vida
cuya sola invocación crea dioses,
ese es el que tenéis,
el que os dan, creyendo nombrar otra cosa
y no la vida tan directamente,
por su nombre cabalístico, secreto por terrible e
[incondicional
costumbre o manifestación de la existencia.

iv

El hombre fue, el hombre sido,
el que pasó, el que vino, el que se va...
el hombre hombre fue, que ha sido,
oh tiempo que se duele de sus horas;
el costado del tiempo, tocado por el fuego
arde con igual velocidad;
las llamas lo envuelven transparente
y el hombre no sabe de sí mismo,
tiene una boca a la moda y sentimientos adecuados a los
[tiempos.
Porque ¿qué fuera sino armazón,
las solas y nada duras aristas para construir una estatua
[duradera,
o sola piel fugaz, como fugaz se llama?
El hombre trae su mano, trae el puño,
trae su mirada a duras penas,
trae su llanto, su fatigosa planta,
su precaria soledad
su pobre silueta deshilada en recta,
ondea su nombre todo salpicado de su época
y aun de esperanza a pesar suyo.
Ah, pero no tiene más palabras que la suya
y esto es tener bien poco,
bien nada...
Ay, que así se llega, así se queda,
así se desvanece, así penetra en la blanda y devorante flor
[de la mujer,
así se mira y ve sólo sus orillas;

las que le tocan y limitan
y lo expanden hacia el sueño.
Él toca y llega y cae y sube,
elevándose, enarbola la palabra tanto despreciada,
aquella tan nombrada, tan injusta para él.
Pero nada sería si no fuera la encarnación
de esa palabra transitoria
e inevitable y, después de todo,
la única que ofrece más tarde algo parecido al descanso,
palabra tan inútil y roída,
inventada, ay ¿por quién?, buscadle.

V

El ademán cobrizo de su nombre,
el fuego opaco en que se dora
era de muerte augurio, era
pelea que reta sin posibilidad de declinarse.
Ah el joven recordaba las imágenes de la vida
que tenía grabadas fielmente e infielmente repetía.
Aquellos gestos espectaculares de las mujeres
vistas al pasar en automóvil,
a través de la ventanilla, con el cristal subido.
Eran grotescos movimientos
o la intención desconocida era.
También vino a su mente el rostro
porque les faltaba el subrayado del sonido,
transformándose dentro de la caseta telefónica,
como si la comunicación realmente funcionase
y no sólo la voz se transladase.
Entonces, volvió a la realidad.
Oyó la voz colérica y gangosa
de la mujer que enfurecía
en su aspecto de rubia asexuada,
de gata castrada recién nacida,
enfurecía porque su mundo temblaba próximo a caer
ante la negación que él hiciera aun del principio más
                                                      [elemental.
Aprende, se dijo, a estar solo con la desolación
                                        [inaceptable
para los otros, pero tan real, tan epidérmica
que ya era un habitante de su conocimiento

y de su cotidiana ausencia un cocimiento,
porque la ausencia era a medias existente en su sabor,
firme como una nube de imprecaciones
y otras sustancias condenables.

vi

Aceptad la vanidad,
lo inevitable de ella,
la verdad vacía y superficial;
es la única, mas no escarbéis en ella,
no tratéis de profundizar allí,
os va en ello la vida...
La vida no es sino una bolsa que contiene objetos
que a su vez son sólo piel,
algo delgada y caducable fácilmente,
algo que se transforma siempre
y esa es su forma de inmortalidad: ser perecedera...

Vosotros que oráis por la otra vida,
mientras un semejante muere
tratando de impedir con sus dedos la hemorragia
y lo oís tambalearse de rodillas y empezar
a producir el ruido de alguien que duerme
                      [dificultosamente.
Los que os arrepentís de vuestros pecados,
aceptad vuestro destino tan sencillo,
tan complicadamente natural...
Imaginad que fuese en otra forma,
que realmente trascendiera vuestra vida,
que no murieseis realmente —como lo esperáis—,
¿cuántas cosas serían posibles?, qué profundidad tan
                                            [grande
la del aburrimiento, no la del dolor.

Hay un momento en que todo se desvanece, aunque allí
[quede presente,
y ese momento crea las márgenes,
el gesto inicial y el último
de la materia nuestra:
olvido o-l-v-i-d-o Olvido OLvido OLVido OLVIdo
OLVIDo OLVIDO.

TRES FUERON LOS CAMPOS,
LOS ESCUDOS TRES

El caballero a la moda llama a la puerta.
Nadie lo recibe,
Sólo nosotros,
De nuestro origen fantasmal conocedores.

F. G.

Épocas hubo, lamentaciones hubo,
Hubo un poco de humo por centro de la carne
Y un poco de viscosa materia en derredor de sus huesos
Una oscura memoria asombrosamente silenciosa
Que veía venir una nostalgia
Del sueño escanciadora; aquella que ofrecía su cuerpo
A las caricias del tiempo y del pensamiento.
No se interrumpe el fuego, acaso cambia,
El leño apagaréis, mas nunca el fuego;
A nada dais la muerte, eso que tocáis es un muñón tan
[sólo,
Pero plantas brotarán, oh querido Marco Bruto,
Claquin famoso, oh Valentino
Exilio, dulce exilio, sombreada muerte,
Fresca desolación la que nos trae con la alegría el viento.
Oh amada, tierna la herida siempre fuera
Como de niña que cumple todas las noches
Siempre la primera de su amor, sin fatigarse.
¿Quién es aquel que acepta ser
La sola encarnación de un instante,
El proyecto de un instante?

Esto sucede a su pesar,
Aunque no haya sido decretado
Ni exista aquel que lo decrete.
La resistencia y aun el acto de acatar,
Rebeldía o resignación,
Son gestos de los dioses
Y todos somos caretas para que ellos hagan muecas.
Pero, a su vez, ellos no son sino el consuelo
De quienes buscan un bastón o un antifaz para dormir.
Oh pequeños, aceptad la belleza de todo
Porque no perdura, y lo que al tiempo se resiste
No es más lo que al principio fue,
Ni los dioses otra cosa son
Que vanidad todavía más frecuentada.

Superficial, externo,
Pero nunca fieramente fiel,
Oh, no soy de vuestra estirpe ponzoñosa,
Ni de la de aquellos que llegan al potro
Donde la felicidad estira sus miembros dolorosamente.
Esto lo escribo en el exilio,
Encuentro este silencio y su destello vacuo.
He nombrado a mis ancestros
Y sus divisas, sus escudos:
La espada del suicida,
El corno de los bosques,
El toro que en altas torres ondea
Mientras mueren mercenarios.

He nombrado a mis ancestros y digo:
Esta es la raza que yo acepto,
No la elegí ni ella me escogió,
El azar fue que nos condujo,

Ondulaciones que nos enfrentaron.
El sueño contra el sueño,
El corazón contra el latido,
Ansia contra el cansancio,
Lecho contra prisión y desconsuelo.
Miro borrarse los secretos bajo yerba,
Miro los años ir detrás de muchos hechos,
Miro la muerte en todos los extremos, en todos los
                                    [extremos.

II. La materia del tributo

Para isso fomos feitos,
para lembrar e ser lembrados

VINICIUS DE MORAES

Aquel romor de cántigas e risas,
ir, vir, algarear;
aquel falar de cousas que pasaron
y outras que pasarán

ROSALÍA DE CASTRO

A fumaça, Marilia, da candeia,
Que a molhada parede ou souja ou pinta,
Bem que tosca e feia
Agora me pode
Ministrar a tinta.

TOMÁS ANTONIO GONZAGA

INTRODUCCIÓN
DE LA POSESIÓN DE LA BELLEZA

El encuentro con la belleza es casual, como todo descubrimiento. Pero quien hace el hallazgo debe estar preparado para esa cita que puede no esperarlo. En esa tarea se han gastado ingenios y agotado talentos, tan sólo para hallar un mínimo resto de belleza. La verdad es que han sido muy contados aquellos que lograron semejante deslumbramiento.

Ciertos insensatos tuvieron la soberbia de pensar que en la reunión de esos fragmentos estaría íntegra la belleza. Por años y siglos, incontables generaciones diéronse a la tarea de su acumulación.

Tras una equívoca y prolongada visión, los ojos, los oídos, el tacto de quienes participaron en la blasfematoria colecta se perdieron. Supieron entonces de una verdad: que la belleza madre no podía ser conocida ni siquiera por una raza organizada que, a través de la herencia y los siglos, luchara por su recomposición, que la belleza a todos nos es permitido contemplarla fragmentariamente, nos es dada a escasos sorbos.

Señalan historiadores como Karl Field y Jean de Louppe en su *Tratado de las civilizaciones,* el escaso interés que despertó entre los mercaderes de Bizancio la aparición de un hombre vil, ebrio frecuentador de prostitutas, que decía haber encontrado en las afueras de la ciudad un camino estrecho, conducente a un espejismo capaz de enloquecer a quien gozara en su contemplación, por lo inenarrable e infinito de su dicha.

Pero semejante individuo no podía haber presenciado tal cosa y perseguir aún el deslucido placer de las mujeres públicas.

En un folio rescatado de cierto país africano y traducido por un sacerdote católico renegado, otro hombre narra su asistencia a un asesinato entre la vegetación y cómo después, perdida el habla, ve nacer entre los cuerpos de la víctima y el ejecutor una pequeña llama perfumada, que al apagarse deja flotando hermosos fantasmas femeninos, de cuya posesión parecen nunca saciarse elásticos y crueles animales selváticos.

Y el guatemalteco Leopoldo Stahl, en su *Crónica de los cantores,* que reproduzco incluso con su sentimental nota sobre su tío Enrique, dice —acaso sin saberlo él— haber encontrado en su departamento un distante testimonio del peregrinar. Como decimos, él no sabe qué busca esa secta y no parece muy convencido de su existencia. De alguna manera, ser tan zafio logra rebautizarla y, ¿quién nos dice que no con su original nombre a tal crónica? Leopoldo Stahl hace memoria para explicar cómo se le ocurrió el título de *La materia del tributo* que recuerda el sitio y la herejía contra la belleza y que antropólogos de dudosa procedencia aún siguen buscando.

7 de octubre de 1967

En toda mi vida poco supe de Tío Enrique. De niño, su nombre se pronunciaba poco en casa, sólo cuando él se aparecía por allí, con su rostro de jovencito. Mientras crecí, me acostumbré a verlo envejecer sin señales demasiado manifiestas. Al paso de los años Papá, Mamá y Eloísa mi hermana fueron muriendo. Jamás supe que existiera más familia mía que la que he mencionado hasta aquí. Por ello, cada vez que moría uno de los míos, los otros se sentían más solos. Aún recuerdo el día que, acompañado nada más por los empleados de la funeraria y el sacerdote, fui a enterrar a Eloísa. Renuncio a describir mi estado de ánimo, pero sí deseo advertir que el ver aparecer al Tío Enrique me causó algún alivio. Tenía la misma cara, acaso un poco ajada y encanecida la cabeza. Desde entonces se mudó a casa. A esa casa que se convirtió en habitación de los recuerdos. Casi no conversábamos él y yo, tal parecía que hubiera un acuerdo de no mencionar más a los muertos más de lo que los objetos lo hacían. Creo que en ese período llegamos a conocernos en los hábitos, en los gestos, en las pisadas y hasta en las palabras elementales que cruzábamos, que eran aquellas indispensables para ofrecer o pedir algo: comida, compañía o, sencillamente, para comunicarnos la hora. Cuando enfermó no pensé que fuera a morir tan pronto. Parecía benigno su mal. El médico lo vio varias veces. Le recetó jarabes, cada vez diferentes, sin preocuparse mucho por él, hasta los últimos días. Murió de noche y no pude confortarlo.

La mañana siguiente la pasé tratando de arreglar cuanto trámite legal fue necesario. Y hasta antes de irme a dormir no pudo atacarme la nostalgia, que entonces hizo la presa más fácil que lograr pudiera.

Fue pasando el tiempo y un día pensé en sus objetos personales. Entre ellos encontré varios trajes, dos pipas, una ración de tabaco rancio y una cajita que contenía varios manuscritos, semiquemados la mayor parte. Los dejé donde los encontré, pues para esos días no removieron mi curiosidad. Considerando que no podría seguir viviendo en nuestra casa de los suburbios, la renté y me cambié a un departamento en el centro de la ciudad, no sin antes transladar cuantas cosas pertenecieron al Tío Enrique. Y una vez instalado en este departamento en el que estoy escribiendo estas líneas, se despertaron tenuemente en mí las ganas de leer los manuscritos. Confieso que esos deseos no fueron muy poderosos al principio, ni me obsesionaron, porque siempre fui postergando su satisfacción. Y un día en el que, como en una gran mayoría de los de mi vida, nada tenía que hacer, me puse a examinarlos. A medida que los fui leyendo supe que se trataba de la crónica de una secta secreta y de sus cánticos, a la que debió pertenecer Tío Enrique, al menos eso es fácil de imaginar. Entonces recordé que su nombre raras veces salió de labios de mis padres o de mi hermana mayor, que debieron saber algo de la relación entre el Tío y la secta.

A continuación reproduzco fragmentos de los cantos y de sus memorias, acomodados según he creído que es su orden natural. Existen en esos manuscritos algunas palabras borrosas y otras interrumpidas, que no alcancé a descifrar. Ruego se me disculpe que las omita, pues considero que no aclararán un poco siquiera estos textos ya de suyo harto enigmáticos.

LEOPOLDO STAHL

EL ENEMIGO RECUERDO

Desnudo el viento, su huella late;
Aquí dejo a esta ciudad mi piel amarga.
No levanté torreones,
No edifiqué contornos en el polvo...
Pero tampoco fue al núcleo de una campanada
Que sucumbió este temblor de sombras
En el que se mueve mi yacente imagen por las calles,
Sus ruinas, su aire que separa.
Aquí el recuerdo de los Capitanes,
El enemigo recuerdo
Que esculpe una visión más cruel del otro drama.

Recorriéndote, ciudad,
He amado el deterioro
Y esa dureza que te circunda
Y nace de esas piedras llorosas
Donde la espada
Este dolor talló en secreto.
Más que ninguna, mía, ciudad,
Porque he visto mi rostro ciego
Una gran crónica dictando
Donde, tenaz, nace una flor que ahuyenta a estas palabras.
La persecución así os consagra.
Os anuncio un valle desconocido.
Allí sucede el silencio al llanto.
. . .
Una sola es la vuestra y una mi palabra.
Yo permaneceré después que hayáis partido.
Tras ese signo, yo os auguro el canto.

MLV

La invocación busca el consuelo,
El horadante amor desea la saciedad,
La audacia parte al encuentro de una muerte
                              [honrosa
O de una piedra firme que la fije.
Ay, todas, entre todas las más injustas son aquellas
Que uno de estos presentes puede hacernos.
Sabed que no es de felices instrumento conocido.
No es su voz la del agua que fluye dulcemente
Sino la que se golpea contra la roca
O cae girando en un doloroso círculo proteico.
Si alguien posee tal habilidad
Que la oculte a los buenos mercaderes,
Que la haga fortalecerse entre el desprecio
A los nombres oponentes...
Pero si algo de ella brota,
Indigna o sale a superficie antes de su absoluta
                              [consunción...
Cuidad de él, cubriéndolo de los improperios más
                              [soeces,
Aquellos que avergonzarían
Al chantajista y al traidor,
Al traficante de miseria y llanto...
Oh, hijos míos, si os vais a arrepentir
Hacedlo ahora; una vez dentro del secreto
Ese dolor de eterno parto no os abandonará.
Festejad a vuestros hermanos menores
Que aún no conocen la suave anatema que siempre
                              [pronunciáis
Contra vosotros mismos

Y que se cumple aquí,
¿Si así no fuera,
Dónde la celebración,
Dónde la herida supurante?

i

Vosotras, almas que acudís a mi memoria, pues en ella hallasteis aposento, decidme ¿cuál es el precio para la infamia de estos días?
Bienhaya aquella entre vosotras que rechace cita tan extraña como ésta, convocada por afanes amargos, por tardíos reconocimientos mesiánicos. Ay, no haber encontrado la moneda fortuita con el rostro desecado.

Mas heos aquí. Sois los convidados de niebla y no tengo qué lanzaros. ¿Qué os trae a mi lado, al lado de este ser que os invoca sólo en días señalados por la fatiga?

Veo rostros imprecisos que sin embargo reconozco. Veo a todos los llamados y a muchos cuyo nombre ni siquiera conocía, pero que en adelante diré y a quienes demandaré su presencia en próximas versiones de esta visión mía, tan extranjera.

¿Qué hacéis ante mí? Marcho como he querido, compañeros de un momento, pero fijos retratos memorables.

Sois vosotros y así habéis venido a esta danza sombría a afrontar mi sumisión. Ah, pero basta una voz para que vuestros rostros se borren, se diluyan entre gestos grises, expresiones vacuas y lastimosas. Aquí doy principio a esta elegía, que no os lamenta, sino que inaugura su propio mausoleo.

ii

"Has de morir —me han dicho— con ese gesto que tanto te avergüenza, pero que ya es parte de tu fisonomía. Siempre hemos esperado la noticia y aceptado tu desaparición. Si por alguien no habrá llanto, ni siquiera en la muerte, será por ti."

Estas palabras me han devuelto el sabor de ser yo, la torpe certeza de existir, la injustificada angustia que siente alguien que va a morir (¿por qué, de qué, en nombre de qué credo?). Además de sentir mi carne, no sé qué pensar, aunque sólo fuera la posibilidad del dolor que no se borra. Correr por las calles y asesinar al azar, perseguido por una enloquecida jauría de hábiles y temerosos guardianes.

Acaso entonces supiera que estoy, que sigo vivo. Todo sucede en sueños, se desvanece como el nombre de algún muerto, repetido por un eco inadmisible y al final, la verdad es más elemental y miserable: escribo esta elegía.

iii

No ha nacido, oídme, en verdad no ha nacido
el canto aún.

Sus señales serán inconfundibles y difundidas, pero no en voz alta ni baja, ni siquiera en tono medio, ¿cómo deciros, comunicaros esta anunciación?

Alegría no es lo que traerá, mas tristeza
nunca.

Nostalgia, rara aleación de ambas. Menos será ese su mensaje.

Puede ser que ninguno traiga y que nada cambie su advenimiento.

No es el canto, sus virtudes o bajezas muy pálidamente nos han sido enunciadas. Celebremos el rito sacrílego de la palabra.

iv

Danzas, canciones sí, rubias canciones, negros cantos que así se muestran espléndidos por fugaces.

Hay piedras solemnes que marcan un
no por casual menos pertinaz camino.
Lo sigo y me canso, acaso muera sin
llegar a su término. He aquí un gesto
presuntuoso y sin embargo inevitable.

v

No era a esto que yo vine, no lo era.

Algunas velas se han podrido esperándome.
¿No llegué nunca a donde era señalado?
¿O esta demora estaba ya prevista?

Sabiduría profunda la de no establecer destino, sino después de hollado.

Contad conmigo sin embargo. De buena fe lo he pronunciado. Cedo cortésmente a aquello que no puedo declinar.

vi

No soy, no lo parezco, siempre que empiezo
a tomar forma huyo, borro la faz labrada
por años y constancia por una ola tenaz.
Y al cabo de largo trecho de ser fugitivo
decido no serlo más. Pronto seré algo
definido, que es la mejor forma de no
tener definición.

vii

Cómo son semejantes las actitudes,
cómo son una sola y qué inútil es
decirlo... La poesía, a pesar de
su vacuidad contigua, las rechaza.

viii

Vais hollando objetos, identificándolos por
aristas. Seguid, seguid así... Conocedlos,
pocos encontraréis, pero creeréis que os
servirán para tocar el nudo donde se guarecía
su cólera... Hay muchos, mas uno sólo se
consumirá y nadie lo ha de volver a palpar...
¿de quién fue hallada tal materia?

ix

El misterio de las cosas, ¿dónde está?
La repetición de las fotografías borrosas
por el movimiento permite entrever
manchas informes, tal la que nos
ubica, así nuestra conformación y
consistencia, pero no preguntemos de
otras cosas, objetos, animales. Nada
sabemos para hacer preguntas.

x

Y sin embargo estamos fatigados.
Aquellos cuya voz fuera escuchada, ¿valía
vuestra oración el ser oída? Aquellos de quienes
quedará lo dicho, aunque al pronunciarlo no se
oyera, la razón que os asistía era tan inútil como
aquella que hizo falta al mayor número de
quienes sí tuvieron escuchas. Y aun ésos,
están aquí esperando.

xi

Esta elegía fue del aposento hallada con
nuestros restos comidos por la vida.
Inauguramos un hueco que la herrumbre verdea,
que erige el polvo y circunda el gusano.
Aquí toda palabra se repite en su débil
recuerdo.

Diez fuimos los elegidos... en la fecha en que nuestro Fundador sintió el impulso...

...y se cumplió el deber, en lo sagrado...

> Óyeme tardío, ay de ti, en tu nombre
> Está inscrita la sombra y acaso sea pálida...
> Mas huye de las costumbres que aprisionan al canto,
> No es herencia del légamo.
> Sus reflejos, ay, no tienen filos,
> Tampoco el derecho sobre vidas o mujeres...

Las noches suelen ser el territorio elegido por el Fundador para hacerse oír, muchas veces sin motivo aparente, pues tal es nuestro primer precepto...

¿Qué decir de la blandura de la fiebre que nos posee? Sabemos que su sabor y que su defecto será como abrir los ojos a un sol que ciega y calcina sin misericordia. Todo lo que significa esta búsqueda de la Patria del Canto, de la Voz que no conoce otra expresión, todo es como leyenda oída en épocas no favorables... Y si nos ha prometido el don, también nos previno de la soledad que le acompaña y de la atmósfera enrarecida que se hará cuando evoquemos su nombre...

Entre todos el más querido... y qué fiel a su fama y noble porte nos servía humildemente en nuestras abluciones, fue aquel de quien se cuentan las cosas más naturales, por las que muchos recelos despertó a todos menos al Fundador... Él compuso una serie de organizados lamentos que a veces, en la caminata, iba abandonando con la huella de su pie, sobre una piel cambiante como el agua...

    Madre del canto, elígeme
    Para hendirme al conocerte,
    Antes de que mi amor renueve sobre las piedras
    Las muertes de ayer que hoy se pulen
    Entre una frecuentación tan pestilente
    De motivos, ay, tan diferentes.
    Adelantado,
    Sólo en el robo y la violencia
    Hallaremos descanso.
    Secretamente perseguidos
    Por aquellos que se fingen nuestros hermanos,
    Nos encuentren excesivamente rígidos para las
                                     [ambiciones...
    ¿Qué hacer cuando allí lleguemos,
    Cuando descubramos un fin,
    Dócil veleta?

                              *

Ferrando, sí, él, acaso él, el señalado por la lepra de la apostasía, el que iba con nosotros sin fe en el canto, composiciones suyas eran tan claras enemigas, mas eran las que más nos excitaban y parecían ser de quien creara a nuestro Fundador...

¿Quién lleva la contabilidad
    De las cosas nuestras que desaparecen al nombrar
    Un rostro, una voz perdida?
    Responda ahora, diga su silencio altamente erigido

Como herejía del viento...
Pasamos contemplando, escuchando
A todos esos seres que no nos conmoverán
Y a aquellos que no poseen ni el don
Ni la pasión de comprenderlo...
Bajo estos techos, floreced, cantos,
Brotad coros, lamentos...
Mas considerad cuán enemiga
Es la danza de este canto...
No es a los orígenes a lo que hemos venido,
Ni a tales llamóseles...

Largas noches nos hemos preguntado cuánto se prolongará esta injuria, porque tal es la senda y sólo es eso... verdad ya muy usada y eficaz aún...

Vino después la primera gran estampía de falsarios que pulularon en torno nuestro, tratando de imitarnos...

Encumbraron ídolos que no conocían nuestros preceptos... Redactaron equívocos decálogos y tantos y tantos detrás de ellos que ya se perdieron. No es hora de lamentos. Aquellos que siguieron sus huellas no eran susceptibles de condenarse con nosotros... Más tarde o más temprano su trabajo y su denominación venerables fueron, en la medida en que se bebe a nombre suyo el tazón de miseria que apuramos...

En nuestros pensamientos nacen gritos
Depredadores de aquello que nos guía
Hacia la Desolación de su promesa.
Como aquello que abandonamos,
Ensoberbecidos de propios testimonios.

Lo hicieron para constar en nuestros libros,
Al menos eso era lo que esperaban...

*

¿Quién lo oyó que no lo escuche,
Decid, quién lo pudiera?
Estas sus palabras fueron:
Te hallamos sin descanso,
Hollas la voz, el pensamiento en ti
Es fugaz como tu forma
Y algún significado tiene...
Madre a la que buscamos incestuosos,
Patria a la que acosamos traicioneros.
Mas al final no es tu destino
Ni el nuestro que se impone.

Ay, no fue esa voz la más sincera. Hubo otras donde la maestría los devolvió a los monosílabos y acaso ellos tenían razones de más peso que nosotros para no entenderlos.

Nadie vaya más allá de su locura. Tal fue nuestra consigna. Oh, compañeros, nosotros olvidamos la obediencia y menos volveremos al rebaño.

En el canto creemos. Somos algo inolvidable y nuestra fe también lo es. En el Canto creemos. El canto practicamos. Se nos dieron unos labios y un dolor como una piedra que, buscando la oquedad suprema, hace sonar y soñar a las paredes de este templo que buscamos... "Aún se recuerda el día que fue el iluminado... Consta en todos los anales por muy opuestas causas, si es que a nuestro móvil así podemos designarlo". "La fecha es de

aquellos que la ignoran y tal es este canto que nombra
la Divinidad endeble que adoramos..."

La forma prohibida es la creación. Muéstrese a todos.
Dígase de muchas drogas la única posibilidad que nos
hereda, que sólo ella tiene la clave, mas reconocida y
aceptada, ¿quién si no nosotros los desechados la conocemos?

> Suspended sobre mi sueño
> El cuerpo desnudo que me fuera amado,
> He allí la forma de evitarlo.

*

Han venido, oh manes, han venido y me miran con sus
voces. ¿Cómo teñir de ardor estos insomnios suyos?

Ferrando era de los primeros, pero él sólo buscaba el placer que la Compañía podía ofrecerle, ay, nunca fui más
exacto al expresarme...

Oye esta voz pasar los corredores, entrar a los claustros
y allí hacerse piedra de misericordia para esos moribundos que no saben de la muerte...

Oye los ruidos numerosos que suenan a tu lado, de más
recientes religiones, que se aprestan al reposo de los siglos, nosotros fiamos en la más antigua y ésta es su tercera aparición...

> La blasfemia, hermano,
> Ay, búscala, estaremos en ella todos contenidos,
> Ay, en la blasfemia más grosera...
> De eso sí, de eso
> Vendrá el rendirse a las últimas disecciones,

Aceptarlas, ver cómo se aíslan dolorosamente los
[miembros del cuerpo.
Venid y poned vuestros sonidos,
Id a ellos porque los únicos que no son Vuestros
Son aquellos que autorizasteis.
Este es el canto, oh, y alguien habrá que lo entienda.
Habremos cumplido y así es la sentencia
Que se ejecuta la tercera.

Fueron llegando. Venían de todos los hastíos, no de las desilusiones. No de la amargura, que no la conocieran. Ay, vino la desbandada nuevamente. Sólo unos pocos hubimos de reiniciarnos.

Florecerán los huesos con un alarido intolerable...
El territorio detrás del que venimos
No está más que en nosotros,
Cuando no es la saciedad que nos lo oculta,
Se le busca y una vez hallado,
Una vez hollado...

Quienes no tienen visiones se muerden el alma. Se desinflan y caen lejos. Hay quien vence su piedad sobre sus restos, otros quedan que se divierten y nosotros somos los observadores nada más...

¿Cuya fue la fortuna de ignorarnos? A ése perseguidlo, tan envidiable, perseguidle y silenciadle. ¿Por qué permitirlo si allí comenzamos, reiniciados?

No nuevas mutaciones, no más gérmenes nuestros. Que venga el crimen y nos borre, no de uno en uno, sino a todos de un torpe y vasto manotazo, de un solo estruendoso canto.

Del canto venimos y a él vamos, pero mientras podamos yacer, a un lado permanezcan nuestras armas.

La blasfemia, tal es su nombre, de la infamia, sí, de la infamia... Giraron escenas fijas en el ojo del muerto, se guardaron en ese laberinto en corrupción, se envolvieron en el aliento espeso y pestilente donde quedaron los arreos, no por ello más guerreros.

LA BLASFEMIA

Piadosamente quemamos toda crónica o canto. Mas dejaremos esto para ti, que no creíste...

La Blasfemia no es una palabra, ni un acto, es algo caducable, corrompible así en verdad. Oh,

Tú, Ferrando, Tú eres la Blasfemia.

De tu ventura fragmentos queden, ay, sin soportarlo tú.

ÚLTIMO CANTO

El filo doblegado,
La daga hendida,
La amargura del pasado
Y el presente sin medida.

Discípulos no queden,
Bórrense a mi paso...
Oiremos cómo ceden
Los cantos y este vaso

En que talladas fueran
Las figuras y los cantos...
Ay de los que se vieran
Desembozados tanto...

Así se borra esta mención
Hecha en nombre del postrero
De los nuestros con el don
Y ha de ser, ay, el primero.

Nota de L. S. Al parecer aquí concluía todo. Posteriormente, descubrí un Canto que, como los iniciales, está completo, al menos tal es la impresión que deja.

ANÁGLIFO

i

Bárbara la tasa, dura la materia
del tributo, puesta en asechanza
por el miedo de una armadura antes
del encuentro, mientras un vientecillo
enfriaba el hueco férreo.

Industrioso el dolor y el tiempo
insistente, se acometen los signos
en ajena liza. Quien da la señal
muy otro es, no el que comenta.

ii

Ay, y eras sucedieron, no exactamente
ceñidas, ni los hechos a los móviles
aquí solamente mencionados.

iii

En menos armoniosa lengua
se hizo crónica, mas esto
no a mi oficio corresponde.

iv

Astucia nunca fue virtud, mas salvaguardia.
Tampoco fue ése el campo. Mirad caer los filos,
tocad el instrumento que debierais oír.
Todo calla, suelen pasar las armas por los
cuerpos, no hay leve susurro de las carnes,
ni estruendo por armas prometido.

v

No con lemas, no con oro, no con otros
cuerpos se pagaban su ira o su agonía.
Todo era convenido, en heridas concedido.
En miembros contrahechos, en cuencas
vaciadas, en grotescos rostros
y desarticuladas pasiones, en el temor
engendradas o en la envidia y sueltas
con arrogancia de corceles, también hallaron
conclusión contra villanos hierros,
bajo el aceite hirviendo, combinado
con piedras y palos.

vi

Se aquieta el aire memorioso. Mis ojos ven,
mis dedos diferentes mundos palpan.
Señores fueron y esta bárbara talla muy antes. Dejad,
a pesar del clangor que las niega, que estas
palabras corran por delante de quien vino
a pronunciarlas.

Aquí terminan los fragmentos de los cantos y las **crónicas**. Como se verá, no agrego comentario mayor o interpretación alguna. No sé aún si tengan valor, aunque espero que sí. Los he recogido sin entenderlos y al conservarlos lo hago a manera de homenaje a Tío Enrique, a quien quise secretamente, admiré y envidié. De sus compromisos con la secta, no tengo el menor indicio y acaso esos papeles él, a su vez, los haya encontrado en poder de alguien a quien amó —algún ser que le fuera indiferente o acaso desconocido.

Puede ser que alguna vez lleguen a manos de alguien que sepa descifrarlos o entienda de qué se trata. Mientras eso sucede o mientras se comprenda su importancia, si es que alguna tiene, cumplo yo con preservarlos. Así sea.

L. S.

III. Esta sustancia amarga

Esta sustancia amarga narra la historia de un sentimiento de evolutivo pavor, mis deseos de huir y el temor creciente que me retuvo en el cautiverio de seis meses que viví en la vasija del genio. Durante ese tiempo, la frecuente visita de la enfermedad, esa especial atmósfera de persecución, me envolvió así como la inesperada visita del objeto amado, pusieron a salvo una vida cada día más gris y hasta me permitieron escribir estos poemas.

Voluntario, aunque sólo en apariencia, este exilio no tuvo significado alguno, como ninguno puede tenerlo. Por eso, no sé qué fui a aprender. No conozco la enseñanza que pude haber recibido. Ignoro si fue merecido el exilio o no. Tampoco creo que nada pueda nacer de esta "experiencia", salvo este laudatorio del infortunio.

AQUÍ PRINCIPIO

Narro esta historia para escarmiento propio,
yo, conocedor de mi paso escurridizo,
de mi memoria pantanosa,
del álgido transcurrir que nos agota.
Amo la niebla a la que me arrojo
y en la que me sumerjo.
Sin embargo, aclarar es justo
que soy un poco menos rencoroso de lo que deseara,
que todo lo adelgaza el uso,
aun lo menos manifiesto.
Breve soy, sin pecados ni arrepentimientos,
con todas las dudas habidas y por haber
en mi mente que espera la muerte de un instante
porque también es de esperar en un instante la propia
[muerte.
Ah, también nuestra muerte es ajena,
es nuestra sólo para que nos consolemos.
Narro esta historia para escarmiento propio,
yo, conocedor de mi paso escurridizo.

YA VIENE LA CABALGATA

Aprisa, aprisa, apresúrate soledad.
Muerte, tú debes esperarme un poco todavía,
días vendrán que puedas hacer tu voluntad
de mis desalentados miembros.
En el fondo de ti, en los huecos de tus huesos,
ya hay un sitio para este silencio mío.
Pero, cómo suena mi sombra a bolsillo de miseria,
cómo repiten mis horas sus esferas
y qué suavemente la desgracia sortea los impedimentos.
Esta es la aventura cotidiana,
la que se filtra a través de esa existencia minuciosa,
invisible y sin control
de la que soy un accidente.
Aprisa, hay que escalar pronto los desprecios
y todas las negaciones
porque una vez llegado, una vez llagado,
nada importa más y ni siquiera importa que no importe.
Alégrate, puerta desvencijada,
alégrate, desperdicio del misterio,
aprisa, aprisa, apúrense a alegrarse,
ya viene, se acerca la cabalgata de la infamia.

VEDLA QUE PASA

Una enfermedad se mece en los ojos de la recién parida,
un perro se yergue en un aullido
y yo los veo llegar, pasar agradecidos a nosotros,
alimento y forma suya, razón de su ejercicio.

Monjes siniestros, capitanes de lo oculto,
bandoleros escarnecidos, aventureros y rameras más
                               [felices que los justos,
más divertidos cuando menos.
Y luego viene la danza.
Nobles señores del placer, gentiles marionetas
que aceptáis el conocimiento de que los hilos se mueven
                                        [vacuamente
y que os burláis del secreto, del gran, solemnísimo secreto.
Ahora pasa la oración arrastrando sus enguantadas
                                     [maldiciones,
el orgasmo disfrazado e insatisfactorio de las beatas
y pasa también la inmundicia con su carga,
pasa el verdugo jurisconsulto
y toda la miseria pasa.
Nosotros esperamos el fin de la cabalgata.
Entonces creeremos en lo que hemos visto
y será real y no producto del hambre, la fiebre y la
                                     [lujuria insatisfecha.

Ah, vedla, es la cabalgata,
vedla que pasa.

MIRAR LA ANOCHECIDA

Se oscurece la pequeña ciudad.
Las luces a lo lejos parecen alfileres en un mapa.
En mis ojos cintilan los deseos
y los sueños se deslizan en su terrosa envoltura.
Miro las luces y la ciudad en que estoy muerto
y enterrado. Miro caer mi sonrisa de muñeco roto,
y siento que el ansia provoca un vaporcillo en mis
                                        [cabellos,
porque mis cabellos se prolongan en la noche
con un ruido de alambres que protegen
un vasto campo de infortunio.
Y mientras veo cómo aumenta el número de luces
y su cortejo oscuro crece,
algo se derrama en mí
y se torna opaco y preciso,
define sus contornos para languidecer,
pues ésta es su posición definitiva,
su posesión definitiva,
amén esa suave amargura de su nombre.

EL FOLLAJE Y SUS ESPADAS

Ante su propio gesto de infortunio
fue duro vencer con el día inadmisible
por arma defensiva
pero después de la victoria
oh la victoria harto dudosa
como una luz en pleno silencio sube
por un asta para llegar donde se estampa
pst pst óigame usted
la sombra de la esquina
la pálida desalentada
¿cómo le hizo para tocarse hasta ese extremo
sin quejas y sin eco?
Explíqueme esa farsa
oh pero los gestos no
quítelos del escaparate
se va a creer que están de paso
aunque sinceramente
bueno vaya
le espero firmemente
sí aquí no me muevo
vamos
crece todo
se eleva el tiempo como un bosque
nos perdemos el follaje y sus espadas
bueno ¿y qué querían a cambio de una vida?

LA PLEGARIA DEL DESALIENTO

> Iniciemos esta oración, invocando los maternos presagios de infortunio, la desolada fantasía rencorosa, de cuyas invenciones el castigo y la derrota eran los únicos finales aceptables.
> Oremos

Mírate mientras vives,
delgado como una flaca sombra,
como una continua mancha marrón
que se traga toda clase de sentimientos,
no obstante su propia presunción
y reducciones al tamaño que en la realidad
                              [les corresponde.
Ah, pero todo tiene su propia clave transitoria,
su muerta araucaria en la puerta,
su sonrisa de matrona dueña de su marido y varios hijos,
de ardiente desaliento.
Mira cómo ilumina las reptiles sombras de mi alma,
cómo eleva su rango hasta la infamia
y cómo tu afán de destrucción
a sí mismo se basta
y vuelve siempre a engendrarse,
interminable y llano.
Ahora que te has reconocido
y que conoces, accidente y blandura,
protuberancia y huecos, todo lo que es tu cuerpo
pues ya de viejo conoces depresiones y salientes
curvaturas de tu alma,

ahora ya estás preparado para elegir
la forma de tu muerte
y la edad que tendrás al efectuarla.
Sé limpio al morir. Despreocúpate de todo
lo que no signifique alivio y descanso para ti
en esos momentos que tanto han calumniado.
Conoces el profundo terror a la desaparición
y el silencio espantoso del estruendo,
su secular prolongación.
No vaciles.
Ten fe. Reconócete en esa profunda verdad
a la que tiene que descender toda tu sólida oscuridad
tu inaccesible desprecio y sorna,
tus mutiladas soledades,
tu fraguado desánimo.
Ahora, haz una ablución.
Es muy saludable hacerlo. Corporalmente
es muy reconfortable y renueva
tu vacuidad y tu soberbia.

EQUIPAJE LÓGICO

Hollado, como los amores por los sueños,
violento, tal una ráfaga en un asta desnuda,
así he llegado a esta lúgubre faena
de tener que mirarme de ira vestido
y enardecido hasta el informe.
Pero, qué tibia llamada,
qué amable esta sustancia amarga
que nos nutre entre pequeñas sorpresas y cálidas
[anunciaciones.
No diré que fuera noticia prófuga
ni lento engaño, razón o canto,
más bien diría una tarde cayendo a pico
sobre los amantes fatigados.
Ah, qué bien se desvanece en el desván la vida real,
qué bien se animan el polvo y el hollín.
Puede ser que el mañana no anuncie su llegada,
es frecuente su callada asistencia...
pero, la verdad, cómo me llagan sus tentáculos,
cómo abren mis recuerdos y los vacían
con esa desconfianza paternal,
cómo los abren y vacían
de todo lo que creí que estaba sucediendo ahora
y que sólo ahora, sólo ahora que me escucho
descubro su amarillento olor.
Ante su calor la mirada se nos curva
y flamean almas nuestras.
Ah, este decir —oficio calumnioso—,
este escribir a solas

tiene, sombra mía, más sonido oculto que nada,
y por eso, por eso, sombra tan apagada,
por eso no tiene más que un nombre
cubriendo su equipaje lógico.

CONVALECENCIA OH, DESCUBRIMIENTO

Innecesaria, pero también llameante,
ausente, pero sonriente en su laberíntica constancia,
así traza una vida su frágil certeza
que nadie debe conocer... Ah, nadie...
porque más fácil es la vida
que hurgar en el desprecio hasta encontrar la muerte.
Madre de restos vencedores,
principio de evasión, oh, gloria a ti, infortunio
que produces el gesto más hermoso,
el gesto que pone término a esa danza inobjetable,
a esta benevolencia con la que nos reciben
                        [las alucinaciones
y estimulan nuestras productivas fiebres.
Memorias del convaleciente:
la búsqueda, en sueños, de la hermosa prostituta,
amada con tanta suavidad,
mientras la pulmonía clavaba sus astillas,
mientras las palabras dejaban de tener sentido.
El sonido del organillo de boca
que llegaba hasta el lecho entre espesos jarabes, calientes
                                  [en extremo;
el nombre de la prima cuyas piernas acarició bajo el árbol,
en las afueras de aquel pueblo frío
donde la muerte veraneaba...
Y luego aquel grito...
convalecencia, ¿te pudimos conocer
todos aquellos que sabemos
que no es el descanso ni el olvido lo buscado?

Ni siquiera la curación. Otros, los más acaso,
conocieron tu rostro en el espasmo;
porque después llega algo que no buscó el enfermo,
y que todos, de poder, hubieran evitado;
llamémosle así, con ese dulce nombre,
pálido y tembloroso como niño de trece años
que empieza a descubrir el sexo.

GENERACIÓN DE MIS ASUNTOS

Guarda para ti solo tus caídas oscuras, tu pequeña miseria, la circundada soledad que te ausculta como preguntándose si aún sigues allí, viviendo, padeciendo tu existencia, la sofocante certeza de estar vivo.

No digas nunca lo que tus ojos ven, tu mirada no esculpe las imágenes vistas con el estilo de la muchedumbre. La realidad cuyas trabas urdes equivale sólo a una pequeña dosis de desesperanza, pero pocos son aquellos que pueden aceptarla. Ama tu osamenta y tu carne, desecha toda lamentación de tu calenda. Y guarda, guarda para ti solo la cerrada estancia de tu existencia apócrifa, la del otro Cervantes que sonríe y tiene que estar vivo, es el único que pisa la tierra, el conocido Cervantes de unos pocos, no el desconocido que vigila el momento de poder borrarse definitivamente.

DIGAMOS A UNA SOLA VOZ

Todas las tardes me visita, pues
conoce mi debilidad por ella, mi
viejo y dulce vicio por su presencia melosa. Llega, se instala, des-
cansa un poco, se acomoda y después inicia su lento recorrido por
todas las estancias de mi memoria.
Desde su primera visita conoce la
plaza, el plazo, la consigna que le
indicará que no podrá volver, que
ha tocado mis límites. Ahora es preciso que la deje transitar libremen-
te interrúmpome y le digo, casi en
silencio: Bienvenida, Saudade mía,
bienvenida, aunque lo que recuerdas no
fuera como lo repites, bienvenida seas.

SAUDADE

Esa nostalgia ausente,
azul acaso y por demás vacía,
esa sectaria emoción
más del acaso que elegida,
que me la diga el viento,
quémela diga el viento,
que me la diga, él, viento.

Así, por años e impedimentos,
avance y llegue su osadía
a decirme por qué huye
y por qué la persigo dulcemente.
Nadie contármela podría,
acaso ni siquiera el sueño,
quémela diga el viento.

Como una vieja estampa
que se mira de tanto padecer,
como una cara amarilla
seca ya aun del olvido,
pues nadie puede repetirla,
confirmarla de su alforja...
que me la diga el viento.

Aquella que supe cuando niño,
la que me di yo mismo
porque fuérame negada,

aquella nave ardiendo,
anuncio de tanta lejanía,
de no repetirse así se anuncie...
que me la diga, él, viento.

ANTIGUA

Hemos sonreído en otros tiempos.
En otros tiempos hemos sonreído.
Ya llegamos, no te inquietes.
Queda cerca, oye la invocación,
oye las viejas oraciones
perderse entre las más usuales blasfemias
y el blando susurro del acero hollando carne
de más de algún cristiano o aun de no conversos.
Altas agujas, pasado que se agudiza
engrosando con los años,
y el polvo que envía su aliento silenciario.
Torres, campanarios, atrios,
piedras de los siglos,
esclusas del olvido.
Afilada contra otrora el fasto,
contrahecha, ciudad o contraseña
aún queda lejos cuando en ella estamos.
¡Pedidle que se explique!
Aquí, Bernal Díaz, tu muerte,
a la derecha el viento
y a la izquierda los recuerdos.
Oh, varón del eco,
aquí tu más pura negativa
—afirmación compañera de tus compañeros—,
el áspero título de "aventurero",
las letras que lo filtran dejando pasar

sólo al héroe, listo para serlo.
Cuánto más se enturbiaron las aguas del tiempo,
y cuánto se enturbiaron las sus cartas.
Ruinas, memorias tan ruinosas,
en verdad, tu historia está más cerca.
Antigua, cuán exacta representación,
miseria de la noche soldadesca que encara a la descarada
que llega, ya sin armadura y espada o arcabuz.

Horada ahora, esta mañana en que te veo,
Antigua.

Julio de 1964, Antigua, Guatemala

Desigual, como esa voz
que del contiguo cuarto llega
en las noches del hotel de mala muerte;
rota y goteante
como la mirada del suicida,
así nos llega un desánimo eficaz, perseverante,
que cede unos pocos instantes a la alegría inmotivada
para que motive grandes sollozos
que más tarde se habrán de asomar
por entre las hendeduras de esa trampa.

LAS ARMAS ENTERRADAS

Señalan una orientación ajena,
un punto al extremo de la muerte más empleada;
son los remos que dejan su táctica ondulante,
rizada y coronada por un moho
en acero florecido
como un signo más de las formas naturales
consideradas aberrantes.
Mas también dicen los filos de las dagas
de un camino recto, injusto y doloroso.
Hay sin embargo una pregunta
que como burbuja envuelve las señales exteriores.
¿En dónde queda el significado,
el propósito honorario
que quien las enterró se hubo adjudicado?
El hombrecillo que cavó junto al árbol
contando los pasos a partir del pantano,
el que se fue al fondo de su miedo con
admirativos ademanes,
ellos supieron de la desolación sin vericuetos
y de la aniquilación con escenarios repetidos
en composiciones escolares,
en las labores menos extraordinarias
producidas por las enfermedades más frecuentes
y aun por aquellas asquerosas.
Frutos de un simbolismo alucinante,
los mapas señalan los místicos lugares
mas, ay, señalan también el tiempo
en que el vuelo de las flechas

en su pedestal situarán al codicioso
señalando con sus huesos el lugar
donde ha de plantarse el nuevo cazador
para dar pasos adecuados que lo llevarán adonde debe.
Algo habrá de ayudar al iniciado
mientras repite sus oraciones malabares.
Los nativos creen
que entre los dones que corresponderán
a quien dé con las armas enterradas,
uno será el más envidiable:
meter su alma en un estanque
para sacarla harta después de ambiciones,
sueños y deseos.

Guatemala, 1964

IV. Cantado para nadie

EL DELIRIO LUSITANO DE
FRANCISCO CERVANTES

Todo texto explicativo o con visos de presentación que intente agregarse a un conjunto de poemas, o es una grave impertinencia o una necedad inútil. No es mi propósito presentar a Francisco Cervantes, ya de suyo justamente reconocido hace años tanto en México como en el resto de América Latina, ni alabar su poesía y menos aún explicarla; al menos eso la vida se ha encargado de enseñarnos: cómo evitar tal clase de tentaciones.

Lo que deseo en estas líneas es asomarme por entre el sombrío bosque encantado de estos poemas, sin antecedente alguno entre nosotros ni posibles seguidores, para decir que Francisco Cervantes y su poesía ocupan mis vigilias e invaden mis sueños hace ya casi veinticinco años. Que su amistad me es necesaria y valiosa, que su intransigencia sin límites, su altanería con los necios y, a menudo, con los que no lo son, ni mucho menos, pero caen de repente en la necedad, que su medioevo, sus caballeros imposibles y reales, su febril delirio lusitano y su cariño de amigo, todas esas cosas y muchas más que no quiero nombrar ahora, hacen que Francisco Cervantes sea para mí un alto ejemplo, imposible de seguir como es obvio, pero de indispensable frecuentación. Gracias a él y a otros, muy contados, espíritus impares y peligrosos, que perpetuamente recrean el mundo a su insaciable imagen y a su intolerable e intolerada semejanza, la vida puede seguir sufriéndose sin náusea mayor ni definitivas escapatorias.

Esto era lo que quería decir al lector de estos poemas para que sepa, al menos, el riesgo que corre al leerlos penetrando en un universo cuya rareza, hermosura y ajena condición, no se dan ya por estos tiempos.

ÁLVARO MUTIS

ESTE BARRO QUE TAMPOCO QUIERE OLVIDO

ADVERTENCIA

Cuando se está vivo se sueña.
Es posible todo en el sueño, menos el engaño.
Por eso escribí este poema.
Hago la pregunta tardía, con la que inicio,
Pero que surgió después que la respuesta.
A un amigo lo dedico. Su nombre al fin invoco.
Y vale decir que si a un amigo
Es a la amistad. Mas ya no explico
Pues todo queda escrito.

MÉXICO, 1974

No es ésta tu ciudad, pero no sabes
Cuál pueda ser la tuya o si ninguna
Pues seas animal de pueblo o campo.

EN CARTAGENA PIENSO, ANOTO Y VELO

La lluvia desborda el acecho y el insistente conteo de
                              [bienvenida y alguien
Que no soy yo, desanda líneas y sondeos,
Desea salir y hablar por mis descensos.
"Tenebroso es el pasado: nadie en la vigilia lo recorre:
Ni pueden hombres vivientes beber en esas aguas."
Descubro que Archibald McLeish al escribir tal cosa
No sabía cuán equivocado estaba.
Barro Colorado, sangre mía, memoria mía, a ti me vuelvo.
Hace unos días que Bogotá me ha revelado
Donde morí con otro nombre, no sé cuál ni cómo.
Bogotá hermosa y terrible, que una noche
De 1967 yo desperté de mi muerte tuya en México,
Entonces creí que el barro que arrastra varias sangres
Era de Ciudad de Centroamérica, pues que pensaba
                            [con nostalgia de una de ellas.
Mas el poeta Charry me ha contado
Del sacrificio consagrado en este barro que tampoco
                                  [quiere olvido
Y sé por qué parecíame conocido este tramo de carrera.
Aquí fui sacrificado (lo creo
Y ahora que el papel lo consigna tengo dudas,
¿Y fui el ejecutor, el que ordenaba
O solamente ajusticiado?
Pero no. Era más que miedo: la conciencia de que me
                                        [iban a matar.
¿Por qué disparos o intentonas?)
No es terrible. Cotidiano

Sí lo es. Pero también es cierto
Que ni ahora que sé un poco tengo calma
Ni el polvo que yo fui tendrá sosiego.
En Cartagena pienso, anoto y velo.
Noche del veintiséis de diciembre del setenta y tres,
                              [contra mi juicio,
En nada común pero sí de acuerdo con lo mío,
Sin extrañar nada sino un trago
Y cierta angustia de mi comodidad.

RECONSIDERACIONES DE LA NOCHE

El hombre ha comparado
Tantas veces la noche con la muerte,
Que una vez más sería
Sólo retórica y silencio.
Y sin embargo la muerte no será la noche.
Nadie se ofenda
Ni se llame a insulto, pues probable
Es que se acuda a su llamado.

Hurgo sueños y fatigas,
Saco tu nombre y mi destino uncidos.
Mis razones de cicatrices cubren su ordenamiento.

¿Qué debo preguntarme
Para que tú seas la respuesta,
Dónde estuve vociferando y en qué tiempo
Para callar ahora y escuchar de dónde vengo?
No sé si en ti concluye o da principio
Esta búsqueda sin nombre y sin acierto.
¿A qué dioses invoca
Aquel que me ha traído
O a quién traiciona
Quien disimuladamente me introdujo?
Trofeo o recordatorio lamentable.
¿Qué palabras rituales se pronuncian
Cuando arribo?
Todo se oye a no-sé-lo-que-digo,
Pero comprendo que sólo es el eco

Que repite —¿repito?— tres sílabas para estar al abrigo
Del tiempo, buscando, hollando en los gerundios
Y en tus paisajes aquello que me trajo
Del país más extraño a todo el mundo.
Amigos, unos pocos, no más
Si son amigos.
Y ellos
¿Son el signo
De tu aire memorioso?
Pero desde los aires veo
Que la amistad es el nudo del destino
Que me hace acudir a ti, que no has llamado.
Son muchas mis preguntas, pues soy necio.
Veo y admiro.
Los amigos, al fin, son los amigos.
He aquí que todo peregrinar tiene sentido.
Y abres los brazos y encuentras con tristeza
Que sí, que es hermosa la amistad, y que la tierra es ésta
Y que aquí encontraste lo que hace treinta y tantos
[años que buscabas,
Pero te da miedo ese frío de tu corazón
Que no te deja nombrarlos: *amigos míos,*
Es ésta la ciudad, yo no he nacido
Antes de verla y de estrechar vuestras manos, brazos
[y pechos.

YA LEJOS, RECUERDO BOGOTÁ

Recuerdo que recordé el lugar
Donde me iban a matar.
Soñado muchos años antes
Y no era quien moría este Cervantes.
Otro ser distinto era, otra persona
A la que habita hoy quien tal razona.
Cierro los ojos. Veo la Carrera donde mi destino está.
Diciembre me lo mostrara en Bogotá.
Barro Colorado, si mi sangre en ti mezclada
Ya fue, ¿de nuevo encontraré la nada
En tu polvo más real que esta sangría?
Bogotá, Bogotá, mi sangre es tan tuya como mía.

MÁS QUE PRESENTE SOY PASADO

Uno medita y oye
En algún momento
Que a sí mismo se responde.
Es que el pensamiento
Vuela por donde el cuerpo estuvo.
De su voz sólo su aliento
Leve, se quedó soplando.
Allí, donde se cumplió ese bando.
Morimos hace más de algunas
Décadas por buscar una solución violenta.
Ni jeroglíficos ni runas
Quedan de lo que obtuvimos en respuesta.
Pero nuestra sangre dio color
A este barro que despertó memorias,
Por ejemplo: estas líneas sin ardor
Despertando el ego solitario
De un hombre que busca su destino
Y en el plomo encuentra al fin su diario
Perseguido e infatigable desatino
Que a él ya le ha cansado,
Hermanos, amigos, más que presente soy pasado.

EL MOMENTO

¿Será posible que mi voz no muera
Y alguien que ya fui y que soy
La escuche cuando sea?
Yo recuerdo, pero tardo
En entender esos recuerdos
Que, mientras, son un fardo
Que inútilmente siento
Justo hasta la hora,
El momento
En que la muerte me ilumina.
Pero, ¿cómo repetir con donosura
La frase cuyo sentido me calcina
Y al círculo me devuelve en su clausura?

a Fernando Charry Lara

RECUERDOS COBRIZOS

Os árabes dizem:
Qualatni as-suaidá: Matou-me a saudade.

João Ribeiro, *Curiosidades Verbais*, pág. 201, São Paulo (1921?).

CANTIGA DISTANTE

Ahora es preciso intentar
Un arte tan restringido
Que diréis: fue gemido
Mejor aún que cantar.
Si así fuera, pues creed
Ca si della tuve tal sed
Ca pronto la hube perder.

Mas allí hube tanta paz
Y dicha de mi descuido,
Que fui en los amores servido
Y en servicio, fui mortal.
Amor, no pude retener
A quien saudoso mi ser
Destruyólo, sin querer.

Para ahora me callar
Necesitara medido,
Tener el dolor sentido,
Y hacerme hacia la mar.
Mas para tal menester
Haré el olvido valer
Por encima de mi ser.

CANTAR QUE NO SE PUDO EVITAR

¿No se dijo ya en otra parte?
Oh, Dueña de la mi suerte,
Teneros es mucho el arte,
Olvidaros es la muerte.

Si me negáis el descanso
De ello seréis deudora.
Y ni mío ni vuestro, Señora,
Será el corazón que alcanzo
Tan sólo a sentir deshecho
Cuando me destroza el pecho.

Porque de vos ya precisa
Aun si le dais desaire.
Precisa de vos, vueso aire
Y aun de vuesa sonrisa.
Esa más podéis negarme,
Si queréis, en hora mala,
Lo ha de sufrir mi carne
Que aquí se me acaba el alma.

PRECE PRA UMA MULHER

Señora, oídme.
Tendidas, sueñan las heridas.
Expuestas a la sal de mi soberbia.
No llanto, no palabras.
Acaso una oración,
Súbita
Como tu imagen en las olas
Que se deshacen en mi pecho
Como los sueños se deshacen,
Cenizas que ondean ya para nadie.

FILOS EN LA SANGRE

Como recuerdos cobrizos que agonizan en el alba,
Fugaces en secretos lechos,
Así me rodean tus hojas, territorio de imágenes,
Sombría circulación ya inhabitada.
En nombre de los filos en la sangre
Y del brillo que gesticula plano,
Redúcete, presencia en vías de otros dolores más antiguos,
Que no eres, pues no hay selecta de mi trama.
La sed es inmortal junto a la fuente
E igual espejismo nos persigue sin adornos.
¿Cuándo será de torres coagulada
Esa latente salva ya huera esperanza?
Por más que así me envuelva en viejas calles
Y que las palabras ya sólo incomuniquen,
Dadme al menos las otras torturas, que no ésa.
Quiero volver a los húmedos siseos,
Ayer maduro entre la carne amada,
Mas no fue adiós que ausente fue el palacio
Y el cruzado afuera ya no estaba.

AO PÉ DA PRAÇA LUIZ DE CAMÕES

Pasado el sueño, el timonel te grita:
¡Ah, de la vida!
Y la quilla de tu bote, su espolón
Entre las brumas es que busca
Y no halla a nadie.
En otro tiempo, el peregrino
Cerca ya de la ciudad sagrada
Pierde la brújula, pierde el sentido
De su viaje y de sus plantas.
Al Tajo arrojaría sus quejas
Si el Tajo venia diera,
Mas él no da su aviso.

DOIS MUNDOS ANTIGOS

(homenagem e canções)

[intento de homenaje a Camões y Gil Vicente, fundadores de una idea peninsular y humana, que ellos mismos empezaron por practicar.]

Enquanto a saudade existe
Pode haver felicidade.
Não há nada mais triste
Que a saudade da saudade.

Canção popular portuguêsa

DUAS CANÇÕES MISTURADAS

i

A terra antiga
Ainda viva
Da minha amiga.

Ouço a cantiga
Na terra antiga
Da minha amiga.

Dized belida
A tua cantiga
Da minha amiga.

Voz tinha meiga
Lembrança cheia
Da minha amiga.

ii

Amé la niña
Que nunca iba
Por donde yo.

Sueño me diga
Si ella no iba
Por donde yo.

Por reto siga
Niña querida
Por donde yo.

Daría la vida
Porque ella siga
Por donde yo.

Voyme en seguida
Ay, la mi niña,
Por donde yo.

OITO CANÇÕES DE SAUDADES

i

Estabas la mora, recordando días,
Que eran del pasado, bien que lo sabías,
    Mas non vos dolías.

Tus formosos ojos, tan indiferentes,
Por entonces dieron lágrimas corrientes,
    Mas non vos dolías.

Que aquel ser extraño hobiese partido,
Non te fuera ingrato, ya que fuera ido,
    Mas non vos dolías.

Bella e cruel Señora, dádmelo permiso,
Que yo vos recuerde lo mocho que os quixo,
    Mas non vos dolías.

ii

Señora, ya parto de mi vida en pos,
Ay, me permitiera regresar por vos,
Tal dicha tendría.

Muy lejos, Señora, e non regresaré,
Acaso a vos vuelva, ya muerto después,
Tal dicha tendría.

Molher que foi minha, hoy diome desdén,
Hoy por mi desgracia, ayer por mi bien,
Tal dicha tendría.

Agora me lembro do meu caro amor
Coitado ai de mim saborei a dor
Dita tal teria.

Lembro-me da noite num belo luar
Ñão foi possivel perto dela esstar
Dita tal teria.

Lejos, ya muy lejos, ni soluços caben,
Pues que ya no pueden retener sus sales,
Tal dicha tendría.

Mas estos versicos débense acabar
E aún no le han dicho mi perplexidad,
Tal dicha tendría.

iii

Lavaré mis manos, lavaré mis pies,
Como recordando a mi amado ser,
Pues fueme alegría.

Con agua de ojos lavaré mi piel,
Tal si acariciada por mi dueño aquel,
Pues fueme alegría.

Antes que partiese, más allá del mar,
Nos dijimos muchas canciones de sal,
Pues fueme alegría.

Ahora ya todo, mucho me lo temo,
Ahora ya todo es sólo recuerdo,
Pues fueme alegría.

Y en las tardecicas, mirando el océano,
Más allá del Tajo, no está tan lejano,
Pues fueme alegría.

Yo le quixe madre, oxalá él no nada.
Ay, si yo pudiera lavarme callada,
Pues fueme alegría.

Mas que tal no puedo, mas que tal es sueño,
Lavaré mi saya, lavaré mi velo,
Pues fueme alegría.

Sei que nunca olvida, assim me lo dixo,
Sei que nunca olvida, se alguma vez quixo,
Pues fueme alegría.

Pero si él no puede olvidar jamás
¿Por qué no regresa a través del mar?
Pues fueme alegría.

Cómo los mis ojos lo recibirían,
Cómo la mi dicha non se acabaría,
Pues fueme alegría.

Mirando a lo lejos pasaré la vida,
Como si esperando su pronta venida,
Pues fueme alegría.

iv

Garrida acordó,
Belida, ai, mostró
Ojos delicados.

Levantólos, cierto,
Camino del puerto,
Ojos delicados.

Mas mucho encendían
Luces que salían,
Ojos delicados.

Envidias e celos
Alentaban ellos,
Ojos delicados.

De campos, verduras,
Fiçieron loucuras,
Ojos delicados.

Herir sin medida
Nos deixó sin vida,
Ojos delicados.

E luego partióse
E nunca más viose,
Ojos delicados.

Garrida acordó,
Belida, ai, mostró,
Ojos delicados.

v

Sospiros, amigo,
E más vos non digo,
Al alba esperad.

Verán vos mis ojos
O serán muy solos,
Al alba esperad.

Tener vos sol cielo,
Sin más otro velo,
Al alba esperad.

Agora id en paz,
Dormid vos, cantad,
Al alba esperad.

Sospiros, amigo,
E más vos non digo,
Al alba esperad.

vi

Sob os ramos
Nos beijamos
Minha mãe.

Sob os ramos
Nos deitamos
Minha mãe.

Só queremos
Mais querermos
Minha mãe.

Sob os ramos
Nos deitamos
Minha mãe.

vii

Á beira do mar
Meu bem procurar
Mãe chorad.

Achei a meu bem
Com outra mulher
Mãe chorad.

Deus não quiser
Nem quiz eu também
Mãe chorad.

Tinha ou não razão
Rasguei a canção
Mãe chorad.

Tudo aconteceu
Ele não foi meu
Mãe chorad.

E eu não fui dele
Ficou pois imbele
Mãe chorad.

Á beira do mar
Meu bem procurar
Mãe chorad.

viii

Ao pé dum cipreste
Tive-te e tivesste,
Ai, meu amor.

Tivemos os dois
Amores tais sois,
Ai, meu amor.

Chegamos de dia
E a tarde descia
Ai, meu amor.

Cando ainda
Após ta vinda,
Ai, meu amor.

Na bouca doutro
Fizemos nós outro,
Ai, meu amor.

SÓZINHO

Ardes tú solo
Para ti solo
Llama feroz.

Silencio todos,
Silencio es filo,
Llama feroz.

Será, ya corro,
Quiero, ya toco,
Llama feroz.

Muerto a mi modo,
Ni un leve encono,
Llama feroz.

Tú, que hace poco,
Llameabas todo,
Llama feroz.

DOENTE

Cómo me duele el sueño...
Con viento izquierdo
Más duele.

Y el tu recuerdo...
Como lo sueño
Más duele.

Culpa a tu vuelo,
Nunca a tu duelo,
Más duele.

Cede a tus celos
Por tus secretos,
Más duele.

La amada de anoche
La oyes en donde
Más duele.

VIELA

Nunca debiera
Pisar la tierra,
Formosa.

Desque la viera
Llegar primera,
Formosa.

Tomé la viela
Y pues cantela,
Formosa.

Sola la tierra
Volvióse llena,
Formosa.

Pues mora bella
Non sin querella,
Formosa.

Llegóse a ella
Doce e singela,
Formosa.

Nunca debiera
Pisar la tierra,
Formosa.

Miré y améla
Ó mora bela,
Formosa.

La dicha extrema
Diome tal dueña,
Formosa.

Ay, se me acuerda
Ca ya non queda,
Formosa.

Aina sueña
Mi sangre luenga,
Formosa.

Mas muita pena
Non é segreda,
Formosa.

BAJEL DE LOS SUEÑOS

Cantamos, reiremos,
Moviendo los remos
Del sueño.

Pero no es despiertos
Que nos vemos lejos
Del sueño.

Por amores muerto,
Cuitado el secreto
Del sueño.

No es de ti el recuerdo,
Ni de mí que vengo
Del sueño.

Por el agua al fuego
Llegaremos luego
Del sueño.

Por verte es que peno,
Sin canto, sin ruego
Del sueño.

En la barca, lento,
Los ojos contemplo
Del sueño.

Ya no nos haremos
A la mar, me temo,
Del sueño.

Mora mía, de nuevo
Lo serás huyendo
Del sueño.

Bajel que navego
Es el desconsuelo
Del sueño.

OUVIDO PELO MARUJINHO

Ás barcas chegam
Ondas e sereias
Do peito.

Ondas e sereias
D'agua singela
Do peito.

Ás barcas chegam
E também estrelas
Do peito.

Ás barcas chegam
Mas não navegam
Do peito.

CARENA DE LOS SUEÑOS

PEQUENA PRECE PRA ESQUECER
A MINHA COITADA SORTE

i

Señora, hoy se me ha muerto
Aquel que en vos vivía
Y que os amaba.

Diréisme: ainda se desperto
Xá non vos perseguía
Nin era lava

Lo que en su desventura
Llamárese fortuna.

ii

Mas heme aquí que, cegado,
Y rota la memoria,
Desdicha tanta

No habríame ya bañado
Ni esta luz mortuoria
Que hoy vos canta.

Quedaría el fantasma
En que voy a vuesa alma.

iii

Oh, la tan infiel Señora,
Dejad que él vos encuentre
Y así borre

La agonía que lo socorre,
La suerte que demora
Ya de otra suerte

Su maltrecha materia
Y ésta su miseria.

CASTELO DE SÃO JORGE

Miras hacia lo alto y las almenas detienen tus sueños.
Allí recuerdas lo que el miedo significa
Y lo que esperabas del mañana concreto.
Iba una amiga suya contigo, recordándotela a ella.
La pobre amiga. Su piel tan pálida
Plegada por los años y su ánima en cenizas.
Acaso junto a tu fantasmal presencia
La belleza marchita de ella algo significara.
"Extranjeros", gritaste, "todos ustedes extranjeros",
"Ella es mora y éste su castillo,
Jamás el de San Jorge."
Recordaste cómo tu duelo nada fue después que viste
[sus ojos
Y cómo tu dolor serpeó como un arroyo
Cuando tu piel tocó esa piel mirada por el sol con
[tanta gracia.
El nombre de tu amada nombraste ciegamente
Y el polvo de los siglos fue una piedra en tu garganta.
Pero tu amada regresaría mañana.
La comparaste con tu saudosa compañera
Y la agonía tuya fue más honda que la luz del otoño
[lisboeta.

Hoy, a una postal del Castillo de San Jorge,
Muerde su corazón como a su pan el prisionero
Que entiende probar el alimento generoso, pero último.
Ya no gritarás más "Extranjeros"
Ni ella será tuya.

O PREÇO

Comprei a glória
Ao mais alto preço;
Não tive-a nem tenho,
Lembro-a, também esqueço.
Bem, custa-me memoria
Fazer a não venho
De nenhures ao meu lugar
Que nem tive nem tenho
Na escuridão ou no luar.

MEMORIA DE AQUEL PASTO

La bestia de la noche
Fondea nuestro sueño y lo remueve.
Atiza los dolores, reparte entre el pasado
Y los otros tiempos un poco de sorpresa.
¿Quiénes sois, que no pasáis por entre fechas, años,
Quién es aquel que lo recuerda?
Esa agua que llevasteis a los labios
Tiene un lugar, no vuestra sed.
La fatiga en vuestro cuerpo pudo daros
Alguna consistencia, no la vida.
No sombras, ni como ellas seréis repeticiones.
Pero ved cuánto se tarda en ser no nadie.
"Os lo confieso, aquella tarde
En que del pasto y vuestros labios hube dicha tanta,
Las hube yo, que vos pensabais
En otro amigo, y vuestro cuerpo
Era pasto también, no del placer sino de la memoria."
Pasado el sueño y su fantasma, vencido
Que fue el guarda enemigo, entramos
En la ciudad sagrada.
No había dragones ni demonios en la puerta
Mas igual hubimos mucha suerte en trasponerla.
No vimos entonces el laberíntico sorteo
Ni que aquellas fuentes do bebimos
Refugio eran del desenlace y la mentira,
Del daño y aun de falsas peregrinaciones.
La bestia que nombramos al principio
Era una bestia mansa,

Y hasta alguien como ángel fue que la nombró.
Asunto de los señores fue este canto
Y ojalá descanso hubiera a nuestro oficio
Para así hollarlo aquí, todos sentidos.
Os digo entonces:
Seguid vuestro camino y en buena hora que se aparte
Del sendero común donde me visteis.
Regresad a vuestra suerte de profetas.

TENS NÃO SENHOR

Ter não paixões. Dizer adeus ás esperanças.
Sabe esqueçer,
Segundo os bocadinhos da vida batem-te
Forte demais.

Tens não Senhor
Ninguém é o teu semelhante.
O semelhante? O que quê é?
O semelhante é uma palavra...
O semelhante, sim...o semelhante...

O QUE DIZ CUALQUER ASSOMBRAÇÃO

Tenho a garganta fechada
Os pés postos no medo
Debaixo das pedras da escada
Ouço chegar o segredo.

Quem cantarola nas beiras
Da terra minha tão bela?
Por acaso as esmoleiras
Que não procuram querela.

Pelas ruas, travessas e becos
Andam sózinhas palavras:
Os homens são só bonecos
As mulheres cegas cabras.

LENÇO

ADSUM REVISITED

En términos vagos escribiste
Tu vida, tu infortunio, tu desgracia.
Asaz, largo tiempo triste,
Duró esa hambre, que no sacia

Tu hambre de borrar la vida de otros
Con la miseria de tus sueños:
Donde no hay extraños sin nosotros,
Hay fatigosos, inútiles empeños.

Ahora ya tocas el fondo
Y no es raro que te duela
El sinsentido mondo
Que eras tú y era tu estela.

DERRADEIRA PENA

El hombre que nació sombrío
De su infortunio se despide,
Alta la tarde, mirando en el aljibe
Que reflejó su largo desafío.

Oye latir su corazón tan frío,
Que fue duro, cruel, indiferente.
Sabe que lo que siente no lo siente
Y que al agua de su agua no va el río.

Ha llegado al fondo de su bruma
Y en el cuello siente la cuchilla,
La espada que en sus ojos brilla,
Que no es espada, sino pluma.

LENÇO

> Mirando las ondas
> nos quedamos solas
> las amigas todas.
>
> ANÓNIMO

So el árbol tendidas,
De nos tan temidas,
Eran despedidas.

Un viento las iba
Y otro las venía,
Eran despedidas.

So el árbol tendidas,
Que nadie las cuida,
Eran despedidas.

SUSTENTO DEL OLVIDO

A

No hay una luz, no hay una sombra,
No hay polvo ni agua
Que nos devuelva al tiempo heroico.
Pero tú quisieras hollar lo tuyo,
Es decir, ser el primero.
Hay un fuego y hay tinieblas
Y seres que no te importaría escuchar,
Mas todos dicen lo mismo si lo observas
Y el sueño tuyo con el de ellos desharías.
Es tan parecido a eso que tú intentas.
Nada vuelve a ser si fue bastante.
Óyete y óyeme.
Bajad esos cordajes,
Bajaré con ellos,
Llevo algo para que veas y oigas,
Pero mejor sería que descendieras.
Más tarde subiremos.
Honduras estas que alcanzamos,
Son las nuestras.
Verás los restos y las rocas
En su canto escucharás lo que querías.
Edades que no vuelven,
Modelos ni mejores ni peores,
Pero cuya pasión no entenderías.
El mar, el mar que se ensancha y se contrae
Te explicaría que ya te vio
Y tú lo negarías.
No hubo príncipes, no amores.

Invento del hombre fueron y quedaron
Ya olvidados,
Mas tú existes.
Dirás: *De qué manera.*
Más vale no ser que ser así.
¿Protestarías entonces?
Tampoco hubo canciones
Que celebraran nada
O lamentaran hechos.
Te plantarás en el rencor con tus saetas
Y las verás marchitas
Si antes contra ti no las diriges.
¿Quién eres que no sabes
Que eso eres y no otra cosa diferente?
Todo lo que sabes te sirve para ignorar
Que no lo sabes.
Lo que has separado en tu pasado,
Te separa
De lo poco que entiendes fuiste.
Dices que perseguimos ideales
Y por eso nos persigues.
No quieres la escoria nuestra,
Que es tu escoria.

B

Quisiera hablar en vuestra lengua.
Mas lo que diré no daría matices
Ni su sombra sería de lo deseado.
Decidme entonces qué palabras, tonos,
O la ausencia de ellos servirían.
Alguna vez pensé con impaciencia: *¡y estos tontos!*
¿Qué se creen que son? Pues sólo han hecho
Del mundo en que vivimos desperdicio y daño.
Pero tal es el mundo en su girar de rueda
Y hoy escucho la traducción de lo que dije,
Y de las traducciones, ya se sabe.
Claro que en gargantas nuevas
Que ellas suponen más sinceras.
No me sonrío, y bien que lo pudiera.
En fin. Uno es el paso
Por esta vida y habría que estar alegres.
Mas a cada paso del anterior ya nos quejamos
Y otros más lejanos es que nos son ejemplo.
Sería mejor saber de nuestros cercos
Y al simple movimiento que nos resta
Volverlo canto olvidable y su descanso.

DOS POEMAS

i

Son palabras

Onde é a vida que passou
Mortos são os esqueçidos dias?
Minha Senhor não canto mais nada
Porque precisso das palavras
E as palavras —você sabe...
Elas não percebem o que eu quero dizer
Ou bem dizem demais
São palavras.

ii

Ondulante huella

Mesmo que pegada suave
Por cualquer objecto feita
Acima do carpete nos poucos momentinhos só
E logo dissipa-se
Meus passos no mundo esqueçam sulcos.
Assinalados por inúteis
Voltando seus efeitos á substância.

MASTIGAR ÁGUA

Mas onde tem sorrisos pra nós o espaço
Se os anos roubam a substância?
Quero ouvir chamar os verdes anos
As trevas nos carvalhos mais fechados
Abrir os olhos á escuridão
Mastigar água.
Não dized-lho se quiser mas dexai
Que mal ferida á fala
Liquifase e o duro fogo
Tão longuiquo é mal verdade
O que é que nos fizo sangue
E qual veneno nos trabalha
O sonho desste embranqueçer assim
No alvo sujo ou dispersos laivos?
Terra em que puder
A minha dita encher.
Mas tiver-i-a
Gosto pois da chaga
Que me faz disvariar inevitável
Já poder-i-a me dar a saudade
E a vã ausência e a minha agônia
Deitar a minha dor e a suas escadas.

ALGUMA VIVA DOR

...no verão fuimos além das fronteiras
E olhamos a cidade e o seu cadáver
A gelada assombração da insônia no ar
E os desejos que vem depressa emvolviam-nós
Nos serãos acampamentados ao pé do rio
Ás aforas da cidade a fugir
Dalguma viva dor de te de mim
As árvores deixavam fora nubens ao vacuo azul
Mastros do naufragio de todos os dias
O capitão foi a sombra dalguma adolecência
Lá na cidade desvariaba novamente.
E te-armadilha da vida
Onde é que tinhas vindo ao pé de nos?
Tivemos conversa pelas noites e
Alguém tinha medo.
E então conhecimos da nossa lenda a linagem sem mapas.
Tombadas mesmo folhas as voces movimentavam-se com
[o tempo
E os novos amabam-se no seu inferno
Lá no verão sem sinos
O sono também não tem rostos
E a nossa querida juró sem esquivanças
Quem tem pena mais pelo seu cão e não pelos seus
[interesses?
Um cântico, um cântico mais não persevera.

DOM SEBASTIÃO

Nas noites ao homem acabrunhado
Vem-lhe lembrança vã
São as ondas do mar do fado
A trazer ventania sã.

Mas o homem pensa em mulher,
A mãe a noiva a irmã
É longue demais seu sêr
Quem voltar-i-a? Sei lá.

Entrementes uiva no mastro
A velha voz dos antepassados
A lua não mais é um austro
É a branca sombra do Desejado.

Volta pequeno enigma
Voltai de Alcaçerquevir
Irmãos mortos do paradigma
Além do além queremos ir.

QUADRAS DE NATAL

Pela porta pela janela
Chega o barulho teu
Sant-Iago de Compostela
Saudades do povo meu.

Mal que é o inverno
E perto é o natal
Também ontém é hodierno
E como o doce parece sal.

Nas cidades tão pequeninas
Ando ás lembranças a procurar
E nos queijos e nas narinas
Sinto o vento que vai chorar.

Cidade das-me paciência
E também a tua benção
Não conheço ainda a ciência
Mas esqueço uma paixão.

Dezembro dezoito, 1977, na Galiza.

LEMBRAS-TE GALIZA?

LA CORUÑA

La verdura del campo
Me devolvió a mis años nenes.
Había un aire de mar que ya no recordaba
(Ó mar, os nossos mortos lá vão).
Plazas, pequeñas calles
Y palabras en los muros:
Fala Galego!
Algunos buques quietos
Y ningún cantar de amigo.

SANTIAGO DE COMPOSTELA

Con Pena vimos las afueras
(*Xosé Ramón Pena, o poeta*)
Después de hollar donde la tierra
Se llevó de Rosalía las formas.
Al ver el valle, eso que llamaría nuestra memoria,
Nos trajo de una oleada a Los Restauradores.
(*A nossa terra sem Filipes ou Espanhois!*)
No tal hubiera sido si soporte
La vieira en nuestras ropas.
Mas fue siquiera a otro lugar sagrado.

A CORUNHA UMA OUTRA VOLTA

La luz de otoño entre los muelles
Y aquel dolor de lejanía.
Domingo aquellas viejas calles
Repetían como en los días que Iberia era,
Al sur, más al sur, hasta el Algarve.
La piedra estaba allí, por voluntad,
El pez y el vino, el pan y el queso.

HACIA LOS SUEÑOS SIN MEMORIA

HASTA LOS SUEÑOS SIN MANCHA

MEMORIA DEL AUSENTE

Sabemos del pasado sólo en cierta medida,
Mucho menos aún de lo que podríamos del futuro.
Es cierto que el destino humano es como un muro,
Y que lo visto no cambia en nada nuestra vida.

Pues hay en la vida de los hombres una suerte
De marca o huella que sólo se contempla,
Cuando su vida en otras se convierte
Y su música en otros sonidos se destempla.

Para el que observa, tal es inevitable,
Y desde lejos puede él, certero así, vaticinar
Destinos y fortunas, lo que parecería mutable,
Pero que así se nota quieto, recto, sin variar.

DESDE AFUERA

Quien nos observa desde afuera
Poco nos ve, pues lo que mira
Será tan sólo un gesto, ni siquiera
Lo que se inicia hoy o lo que expira.

Somos tan sólo movimiento
Y nunca el reposo, pues no existe
Mayor quietud que la del viento
En el polvo, cuando al fin desiste

De levantar castillos y torreones
Sobre una superficie seca y dura.
Pero quien nos observa, en ocasiones
No ve el fuego, sólo ve la quemadura.

REGRESO

Y el mar, el mar, muy lejos...

Cuando regreses, el mar irá dentro de ti...

Cuando regreses, oh, cuando regreses...

Y cerca, el núcleo del dolor,
La carne donde se genera
Y bien poco le importa,
Pues otra es la carne que lo sufre,
No la suya.

Y el mar, abajo siempre el mar...

La noche nos ha dado lo oscuro
Para que la miremos bien:
Come de nuestra carne
Que liberará nuestros secretos,
Y altos los vuelve, inmóviles los mástiles.

Al pie, la extraña historia,
Al pie, frente a la mar lusa,
De esos reyes navegantes,
La mar que si se aleja ya no vuelve.
Oíd cómo vos canta,
Pero no es de sirena ni cosa parecida
Esa canción, así extranjera.

UN CANTO DE LAS GALIAS
QUE JULIO CÉSAR NUNCA OYÓ

Celebro la batalla.
Cierto es, dijeron los amos del Imperio,
Que inútil era para ellos.
Pero yo canto, que pronto moriremos.
Como un puño cerrado
Parecerían sus filas
En medio de la hierba.
El sol contra los filos
De escudos suyos era que brillaba.
Hoy, nosotros buscamos el olvido
Y ellos, insensatos, la inmortalidad entre la sangre.
Celebro la batalla.

Ya salen de los nuestros los pendones
Directo hacia las lanzas
Certeras del Imperio, y nuestras voces,
Que ellos llamaron *bárbaras,*
Se unen al Latín, bajo este cielo sin deidades.
Celebro la batalla.

Muchos morimos, pues todos somos uno
Entre nosotros, y no los individuos.
Mas ellos caerán también, aunque se piensen
Que victoria fue lo que obtuvieron.

Se abrirá ese cerco
Y también la empalizada,

Y ya después del mediodía
Los buitres bajarán
A probar lo que cubre a tantos huesos.
Celebro la batalla.

Allá espadas cortan cuellos,
Se hunden en los pechos,
Hienden cráneos y torsos con susurros,
Caen algunos muertos, los más
Tan sólo mutilados.
Se oyen quejas y dolor,
Cantos nos son a todos
Los que al destino no nos opusimos.
Celebro la batalla.

Miro lo que esperaba:
El saqueo y los prisioneros,
Esas moles de carne destrozada,
Dedos por allí, miembros desollados,
Y muerte en la hierba que cantaba.
Celebro la batalla.

LA ESPERA

La huida te ha cansado.
Tus pasos y tu cuerpo
Pasto de la fatiga son, así del tiempo.
Ahora sales a la arena
Frente al enemigo formidable, que te teme.
La red entre tus manos,
El tridente tuyo contra el hacha.
Crees posible la victoria
Porque no la esperas, ni tu suerte te preocupa.
Un día como éste, considerando también hoy,
Te tocará el azar, mientras lo miras sin sorpresa,
Y ha de llevarte otra vez hacia los sueños sin memoria,
No al descanso.

CANTADO PARA NADIE...

LÍNEAS

a Carmencita y Justo

Hay un gesto extraño en estos días
Que desde la luz te mira.
Tal vez la historia en sus hierografías
Canta o calla, avanza o se retira.

Tal vez no existes y caminas,
Tal vez eres tan sólo ese "tal vez".
¿O serás esa sombra en las esquinas
Y no llegues ni siquiera a su revés?

En vano te preguntas ya
Cuanto es posible se pregunte.
Algo que nunca fuiste va
Extinguiéndose y no va
Reviviendo, disidente.

Terminas de escribir
Y mañana que tal leas,
Ya no podrás vivir,
Tus altas y bajas, las mareas.

Y bueno. Finarás las líneas
Sin corregir las otras líneas.

SOU EU

Sempre a minha gente
É ausente

E os meus antepassados
São culpados

Quero assim dizer verdade
É liberdade

Não dizer outras palavras
São magras

Fracas pois assim sou eu
E perdeu

A minha vida seu berço
É perverso

A estrada com certeza
Já começa

Dizer
"Comigo vai sem o quer".

ALGURES DA TUA LEMBRANÇA

Minha Senhor a luz nos fios
Requintada pela fémea
Chove pequenina ó engraçada!
O estrangeiro sol como eu
Entra nas suas entranhas tão queridas.
Terras da minha voz alma da minha estrada.
Á seguir sem pranto o berço sem boneca.
Meiga terra a dar os esqueçiveis beijos
Lembrança não há jamais.
Senta comigo e conta.
Vens carregado dos sonhos? Deixar-ei-os
Por te ó desejado!
O teu nome é simples a minha dor
Quem conheçeu a felicidade senão eu?

Ouve ouve nas gáveas
É grande a ventania
O mar cheia teu peito a tua vida
Sopra aos poucos algures da tua lembrança
E compreendes a charneca
E achas nela mesmo que ela seja assim
Uma vida torta e vã
A tua.

E o homem conheçeu mulher
E tomou felicidade cualquer noite
Depois procurou a terra dos seus paes
Nas terras do mundo que ele nunca gostou.

O fim foi pela primeira vez e derradeira
Experimentou o doce amargurouso
Os dias o serão o lusco fusco
Á meia noite entrou nos seus ossos.
Quando voltou
A mulher dizer-se-ia não precissar palavras
Pra alongarse.
Tentou-lho.
Mas não precissou ele próprio deixou todo
Fugiu muito perto ou longe demais é o mesmo
Morreu para si próprio.
Cantarolando esqueçeu e mais nada.
Deuses ó deuses não foi grande
Delcolpad ou não bela verdade
Traiu tudo ainda o desprezível.

FADO DOS MEUS QUARENTA ANOS

> Alviçaras Capitão,
> Meu Capitão General!
> Já vejo terras de Espanha,
> Areias de Portugal.
>
> A NAU CATHERINETA

Se hoje morrer eu á essta tarde
Entrementes durmo
O meu nome saber-i-a á alarme
Embora eu mal ficar lá no fundo!
Meu Deus! depois de manhã
A minha cinza no ar
Felizmente é torta e vã
Tem un cheirinho azedo do lar!
Se eu podesse voltar á meninice
Ao esqueçimento sem avós!
Mas o silencio tudo dize
Ao deixarmos todos sós!
Minha palavra é tão antiga
Uma pomba bateu na sua janela-
Coitada! Deixou no chão a miga
Da sua mensagem bela.
A vida esvacia-se o tempo passa
Do meu sono desce
Já sem interesse
A menina tôda cheia de graça.

Primeiro de avril, 1978, na Ulisseia.

AQUEL QUE RECUERDA

a María Victoria Llavero

Cuenta monedas de oro que son nada,
Renueva el dolor por lo que nunca tuvo.
Repasa en el insomnio la mesnada
Que con él anduvo y él, ¡que nunca anduvo!
Dulce siente la amargura
No por pasada, sino por no recuperable.
Segundos son los años y armadura
Su flaqueza, y aun su herida será sable.
Mas oye entre el silencio tanta queja
Que si daño le hiciera, hoy da consuelo;
Ya no le duele más lo que atrás deja
Y dormirá sin sueño bajo el velo
De lo fugaz e insensato transcurrido.
Nada pide y recuerda sólo la excepción
Que él siempre ha sido.
Ni en agitada ni en quieta convicción
Rebusca la memoria ni la evita.
Ella está ahí, ¿quién se la quita?

LOS ASUNTOS

"Siempre igual música y silencio
Cuando mayor fortuna",
Dice aquel hombre entre sus quejas.
Tú lo oyes y estás cierto
De que razón no tiene aunque la tenga.
Es claro todo y, si se quiere,
Todo oscuro.
Mas si posible fuera
Ser de este mundo un animal constante,
No la bestia de las dudas.
Hay aquello que define al hombre
A más de tales instrumentos
Y es su materia más palpable.
Seguramente no riquezas y miserias
Sino el hondo pozo en que se buscan:
El orgullo, la virtud que se le opone
Y todo aquello que le toca.

CANTADO PARA NADIE

La cólera, el silencio,
Su alta arboladura
Te dieron este invierno.
Más óyete en tu lengua:
Acaso el castellano,
No es seguro.
Canciones de otros siglos si canciones,
Dolores los que tienen todos, aun aquellos
—Los más— mejores que tú mismo.
Y es bueno todo: el vino, la comida,
En la calle los insultos
Y en la noche tales sueños.
¿A dónde regresar si sólo evocas?
¿Amor? Digamos que entendiste y aun digamos
Que tal cariño te fue dado.
Pero ni entonces ni aun menos ahora
Te importó la comprensión que no buscaste
Y es claro que no tienes,
Bien es verdad que no sólo a ti te falta.
La ira, el improperio,
Los bajos sentimientos
Te dieron este canto.

PARA ENTENDER EL ALFABETO

El animal piensa: "Nada nuevo;
Pensaré lo ya pensado muchas veces."
Y en su cansancio se dirá: "Debo
Indiferencia al triunfo y sus reveses."

Escribirá algunas letras, luego,
Como para entender el alfabeto
Y lo que en él parece ruego
O imprecación, canto, esqueleto.

Algo amarillo o sólo amarillento.
Anota entonces simuladamente
Palabras que son el mismo intento
De toda su vida y de su mente.

Mas algo no repite y no lo sabe.
Por eso es lo que es y añade:

"Las letras protegieron un secreto
Que hoy no se comprende.
Lo protegen aún, ¿ya sin objeto,
O ellas son el objeto que protegen?

"En el énfasis agotaron su existencia
Y fueron una nada vehemente.
Son lo que fueron: el juez, la audiencia
Y la efigie de acusado ausente."

LOS SÍMBOLOS

Uno lo explica al otro, que interroga.
Mas uno más hay; éste oye lo explicado.
El mismo son quien habla solo, quien dialoga;
Quien está siendo y quien habrá pasado.

Después que se descifren sus mensajes
Y alguien, a voces, los divulgue
Sólo figuras, los héroes y linajes
Del tiempo serán, así la trama que los urde.

Pero nunca lo mismo representan
Que lo buscado por aquel que lo pensó;
Él sabe que "son los resultados los que cuentan,
Quiéranlo decir los símbolos o no".

UM BOATO COBERTO PELA CARNE

Há no som de cansanço
Nos olhos com vento uma aura
Posta em cadeia por erro
E um boato coberto pela carne
Ouve-lho o troveiro só.
Seu conteúdo desliza-se sem pressa
Alimento numa beira aquecida devagar,
Os seus laivos numa água provável,
Movimentando artérias noturnas já
Pois o endereço parce jamais ouvir o desgelo
Pode salientar uma voz para afora das meninas do coro
Ai, minha Senhor...
E encontrar-vos cá pela sorte própia,
Quando ao esquecimento do apetite vamos
Ruínas já e fogos longínquos.

PADRE ATLÁNTICO

> Em mim que se rasgam velas,
> Se abatem mastros fendidos,
> E das águas amarelas
> Se estorcem para as estrelas
> Mãos de braços submergidos...
>
> José Régio, *Portugal de todo o mundo*

i

Atlántico, te he visto allá en Lisboa
Cerca del Tajo, esperando.
¿A quién y en tal verano?
Tus olas no llevaron
Ni a Fernando Pessoa ni a José Régio,
Tampoco a mí me llevaron.
Yo te he perdido con desgano
Y cuando te vi no te vi ni hoy te veo,
Mar que sales a mi encuentro, mal que sales a mi
[encuentro,
Mar de mi infortunio, Océano Atlántico,
Dios desigual, extiende tus aguas
Sobre de mi memoria y hazla naufragar prontamente,
¡Padre Atlántico!
Muchos ruegos como el mío no habrás de oír
Ni siquiera entre la gente de la mar,
Viejo dios que vaticinas en las olas,
Y cuyo mensaje es el destino que nos das
Y no requiere entendimiento.

ii

Atlántico, no soy tuyo ni mío, de nadie soy,
Padre acuático, que otros te encuentren impasible,
Yo sé que siempre estás trazándote una altura
Y corrigiéndola en las olas
Y que acaso, a fuerza de enviar constantemente aguas
[distintas
Alguna vez envíes las mismas,
Aquellas, las aguas del descanso
En que no creo y que tal vez por eso existan,
En las que irían Álvaro de Campos y el autor de su agonía
Por fin a reposar.

Ya ves, Atlántico, llegar al Tajo y verte
No es de todos estos días
Asunto comprensible.

a Jaime García Maffla

CAMÕES AGONIZA

Algunas palabras que nadie retiene
Mientras la muerte avanza sobre el tapiz de fiebre
Que le da la bienvenida en ese cuerpo lusitano
O, mejor, en ese cuerpo que es toda Lusitania.
Él mismo no sabe de su altura
Y el hambre le roe, una dolencia más.
Sabemos que al pie de su astroso lecho,
Si lo tuvo,
Acaso un esclavo estaba,
Mas diríamos que sucumbía la flor de Portugal,
Igual que había sido segada en Alcazarquivir.
Pero una vez más moría en la carne de Camões.

LA FISURA DEL PASADO

a Ernesto Volkening

El sueño, que le es dado a todos,
Revela muchas veces la fisura
Del pasado, que en su forma pura
Busca nuevos cuerpos y acomodos.

Aunque los ojos cierre o abra
Y se mantenga en la vigilia,
El hombre no se reconcilia
Consigo ni con su palabra.

Mas alguna vez será el ocaso
En su destino o su memoria,
Que si algo perdura, acaso

Será su hado, no su gloria.
Nadie es ninguno, pues su paso
Se repite, no su historia.

V. Aulaga en la maralta

Vivir no es necesario.
Navegar es necesario.

Lema de los antiguos navegantes portugueses

PIENSAN LOS DIOSES

Dentro de nubes, el diluvio.
Dentro el silencio, la fogata
Que algunos llaman vida.
Florece y si queremos inventarla
Algunos lloros y gemidos,
Unas pocas gesticulaciones
Y el énfasis de los muñecos esos
Que creen que ellos le ponen a sus pasos
Y sus actos.
Acostarémoslos y los levantaremos;
Nacimiento y muerte nombraremos
A tales movimientos.
Pequeños animales que, buscando,
Se obstinan en algo que no vale
La fatiga de su entendimiento.

LA CRUZ DE LOS ESCUDOS

Olía como si el mástil nuevo fuera
Y atrás quedara nuestra tierra,
La amada llorando, que más ya no veríamos...
Internándonos allende el Boyador.
También el pecho estaba seco
Aunque el Atlántico y su agua
Acaso nos tocaba...
Nadie cantaba, mas cierto era
Que las voces del alférez y los hombres de las cuerdas
Un murmullo con las olas fingían su entonación.
El cañón que adiós nos dijo,
Y el rojo, el verde de la patria
Eran como un perdido lienzo
Que a nuestros ojos se asomaba
Viéndolo todos sin que estuviera allí.
El Rey y aquel Infante ya no nos animaban...
La cruz de los escudos sola entre las nubes...

ARCABUCES QUE ACALLAN NUESTRA LENGUA

Soldados. Fuego. Mendigos y miseria.
La ciudad de Ulises dominada.
El español las sedas y las plumas,
Los caballos fogosos y jinetes de soberbia.
En alguna fosa pública
La carne fétida y los huesos del poeta:
Memoria de las naves.
Desde el Mirador de Alcántara
Algún reitre contempla *a Praça do Rossio*
Y acaso detiene los ojos un momento
Donde será, liberada la patria,
De los Restauradores monumento.
Los arcabuces que acallan nuestra lengua.
El español que gana la batalla.

DEL ESPLENDOR Y EL TRIUNFO

i

Los años y los costos que tú sabes,
Señor capitán y héroe que conoces,
Como mirando a través del tiempo, a tu linaje.
¿A quién si no a tu honor respondes?
Tus hechos y tu nombre.
Genovés de tu historia, como el otro
Que llevó velas y bandidos férreos.
Cruzaste el acero como el Atlántico Colombo.
Hoy las olas de madera y hierro se congelan
Y entréganse a tu brazo
Mientras el viento de amarillo y rojo
Toman las formas todas
Del esplendor y el triunfo.

ii

Si quieren saberlo, miras
Las calles de tu patria.
Los juegos no tenidos, aprendiendo
A ser un hombre de tu sangre,
Con voluntad de muy otras faenas
Pero habituándote sonriente.
El eco de esos días
Hoy ya te alcanza
Frente a quien te cede genio y fuerza,

Aunque abundante y enemiga.
Quédate tal, quiere Velázquez.

iii

Y caminas, Ambrosio, al encuentro de las lanzas.
Piensas su número, las cuentas
No sin ironía...
Y recuerdas
Que tu destino hubiera sido
De otras cuentas.
Mientras observas esos rostros
Una vocecilla te susurra que mayor fortuna
Hubiera sido otra, que no ésa.
Mas tarde es y ya no espera
La fama a nadie, ni siquiera
A ti, Marqués de los Balbases.

a Carmencita Espínola

XARBE

El hombre ve sus sueños, ya despierto,
Ante la ceniza luz del día
Que, ciertamente, enfría
Su torpe, deshilado cuerpo.
Como en una oculta contabilidad
Nombra dos nombres muy frecuentes
Que cuéstanle salir de entre sus dientes.
Más duélenle aún que la su soledad,
Seríanle descanso hoy, si lo tuviera.
Verdad es que estuvo y está solo, mas no basta
Que no haya nadie si el tiempo no desgasta
El gesto amargo que harto es su calavera.
Quiero decir dos nombres que son una
Hermosa pálida, dulzura rubia.

Y el fuego, quietamente,
El su cabello tejería
A la margen y corriente,
Donde el hado notaría
La deshilada aurora
Y el cuello donde mora.
Ay, de todas la más mía Señora,
Última tal y como tal la precursora.

El oficio de tu nombre,
Que no se nombra en vano,
Me hará el camino llano.

DE TESTIMONIOS Y SAUDADES

i

Além

Si el río nos permitiera entenderle su soltura
Y las aguas su forma deslizante
Inevitable y fresca,
Tal vez de ella aprenderíamos
La contraseña para entrar en vida calma
Y nos fuera dado usarla
Y al amor de su humedad tuviéramos visiones
De la existencia franca, sin límites hostiles
Que algunos llaman
Técnica y manto de intereses.
Visiones verdaderas aquellas que los actos,
Las pasiones engendran en el hombre
Si éste tiene la grandeza
En dejarse mover y dar impulso a lo más alto de ellas,
Esto es decir, su centro.
Porque también las visiones nos contemplan
Y ay de aquel a quien nunca lo eligieron para verlas.
Visión la boca que te llama, el fuego que te dora,
La íntima sonrisa en que te internas.
Visión de tu alegría
Al sol y sus espectros.

ii

Aquém

El amor dijo, ¿lloras?
Nunca veré otra vez
Esta luz sobre la tierra, respondí.
Ni aquí mismo siquiera...
(Perdonad la coincidencia). Era en Queluz,
Cerca al menos, a la entrada.
El sol se concretaba
En morena, mora suavidad, oh, la tersura.
Comimos allí un ritual de platos y bebimos
Por una unión que fuese placentera.
Había un testigo y mis saudades
Me desoían pero no yo a ellas.

iii

Algures

El Tajo aún corría en secreto
Cuando los párpados me internaron en mis sombras,
No siempre oscuras ni dolientes.
Las calles de Lisboa, la Avenida de la Libertad,
La Plaza de los Restauradores, todo vuelve a mí
                              [con la dulzura
Un poco triste de aquello que nos es indispensable
Y no se tiene.
¿Qué soy, quién o quiénes
Que no me reconozco en alguien?
Doy letra y voz que no aguardé

A las ciudades y seres que me habitan
Porque son en mí lo que me dieron y no pierdo.
Vivir hoy no me niega haber vivido
Y el libro de horas que existencia tiene en mí
Es un objeto vivo en su conjunto,
Aunque sólo sentido halle en quien lo hojea o lee,
Cuando se da ese encuentro milagroso y diario,
Acaso oculto en su misterio a vistas.

iv

INVOCAÇÃO

Lugares de reunión
Lo fueron todos,
Aquella noche que, semidesnuda,
Del balcón me despedías, esperando
Que tu conmovedora hermosura me hiciera regresar
                                       [al lecho tuyo.
Yo supe verlos como eran:
Desérticos, miserables, dolorosos
Ya sin ti.
Pero Lisboa, Lisboa siempre fue más bella que tú misma,
Más bella que el destino y que su historia.

"¡Y que alguien como yo lo comprendiera!"
Noche tan bella para mí si me volviera
A tu lugar de sueños y retozos.
No es un adiós, no me he partido
De ti, Lisboa, que entraste por mis ojos y mi boca,
¿Cómo tirarte de mí, ciudad que me ha querido
Y que amé desde el cielo, ya en el alba

Por fin, al encontrarla?
Ciudad mía, dirán que no lo fuiste,
Pero tú y yo soñamos con el mismo amor
Y somos uno de otro.

DECÁLOCO DE INÉS

        Es deseo expreso del poeta hacer constar que en estos diez lugares (decáloco) del poema, se encuentra siempre presente una mujer de apellido Carvalho (roble), unida al final por el canto a Doña Inés de Castro, mujer alguna vez y, tras su muerte, símbolo del infortunio en el amor que inspirara a Don Pedro de Portugal, cuya tumba acompaña a la suya, hace siglos, en el monasterio de Alcobaça.

i

Si aquí acabara toda historia
Sólo por ti la historia empezaría.
¡Qué de sueños, qué de aguas
Cesarían entonces su ronco circular!

ii

La ola que no embiste
Y al nido del silencio
Las manos que nos duelen.

iii

E non o pud'achar,
O que vi por meu mal,
E moiro-me d'amor.

iv

Palabras y viento
Borráranse en el tiempo,
Oh, viento, a caminar.

v

Bebiéronse las cifras
Y las naves
Mirábanlas las ninfas
Ya sin aires
Que cantar.

vi

Alcanzaré la tarde
Entre las olas,
Pero no el agua
Alcanzará mi sed.

vii

Alcanzaremos entre olas
Noches de furia y tempestad,
Pero no el agua
Nos tocará la saciedad.

viii

La sed que acrecentó la mar,
Esa sed sin labios que es la nuestra;

Extenderá su mapa o plan
Para que nos domine grande bestia.

ix

Que sea *o mostrengo*
Que está no fim do mar;
Acompañarnos ha el camino luengo
Sin que podamos hesitar.

x

Inés, por otro nombre,
Nunca debieras responder.
Después viénete el roble,
Pero de Roble, Inés.

LISBOA IMC

Las noches en el tren,
Volviendo a lo tuyo, en ocasiones duro,
Mas la saudade que te llama, la luz que ha sido
                                [de tus años
Y será de tus olvidos.
Envidias el descanso de los otros
Cuando te vas.
Descansar de ti, *qué cosa más oronda.*
Mas lo que ofendes o te duele
Es olvidable, y aquellos que son otros que no tú
Te olvidan con tal facilidad,
Principalmente aquella que te fue delicia
Aún antes que las pieles y las venas conectaran.
Lisboa, qué lejos, cómo dueles.
No la mujer —belleza mora si la hubo—,
O al menos no sólo porque ella te dio las calles
                                  [y la historia,
El Fado y el orgasmo del imperio nuestro.
Lisboa con sus casas de diferentes colores,
Vista desde el mirador de Alcántara,
Desde Janelas Verdes,
Del Castelo de São Jorge.
Recuerdas esa defensa de tus manos
Que mal repetía la mora, copiando
A quien lo hacía por sentirte compañero de la causa,
Pero la mora te deshacía, y Lisboa...

MATERIA DE DISTINTOS LAIS

A la sombra más pegada al muro
Apenas se le nota;
No sin insistencia se remueven
Los tonos y las líneas cercadoras.
Así la suerte del correo insensato.
Entre amantes, amigos o enemigos
Su propia vida pasa prontamente:
No otra ya tendrá.
¿Recibiste y llevaste las frecuentes
Oleadas de tu dicha o tu desgracia?
¿O sólo eres
Aquel que observa y que registra
La vida de los otros?
Torpe y secreto mejor que fascinante,
Dueño de tu latín más que del de otros,
Hablando tus ficciones, tus dolencias,
Tus vicios, tu existencia,
Aunque relates
Materia de distintos lais.

CANCIÓN MEZCLADA SOLA

Madre y padre por la peste
habían vuelto a su limo.
Ellos nos ofrecieron al Señor:
A Aielot y yo.
Salimos al camino, *bengala* llevando,
salimos al camino, bastón en la mano,

Aielot, Aielot, ¿cuándo

llegaremos al albergue? Hermano
no lo sé, decíame ella, pero mira
¿ves lejos allá los caballeros?
Ellos noticia nos darán y el fuego
suyo acaso esta noche nos anima.

Aielot, Aielot, camina.

Días largos, asaltantes
que herían, mataban
a otros peregrinos. Los señores
jamás nos protegieron. Franca
era la lengua nuestra y los dolores
francos también...

Aielot, Aielot, ¡qué bien!

Ya cercana la puerta,
el vieira sobre el manto

protegiónos tanto
o más que la quimera...

Y entramos a Santiago.
Aielot, Aielot, ¿cuándo?

DEL SÉPTIMO SELLO

Recordaré esta tarde,
Dijo el caballero,
Por la belleza que adivino que no tenían vuestros rostros
Pero que yo vi en ellos.
Me veré tomando un cuenco de leche fresca
Y comer las fresas, dulces por el gesto con el cual
                    [me fueron ofrecidas.

Mia, tu marido Jof y el bebé Miguel,
Todos los que a mis ojos sonreían
Me serán descanso.
También mi escudero Juan, que nada tuvo salvo
                      [su lucidez,
El casi perdido juego de ajedrez
Y la muerte, compañera que sólo para mí he querido.
Recordaré todo esto como la belleza última
Que vieron mis ojos,
En el momento postrero de mi vida
Justo el instante en que se tense el cuello mío ante
                      [la cuchilla.
Y todo acabará sin dulzura o amargor,
Porque todo debe terminar antes que la fatiga
                      [y el aburrimiento
Hagan presa de este torpe cuerpo.

ROMANCE SUICIDA

Pisando las hojas
De cobre mortal
Se pasa el Verano,
Caliente animal.

Se busca una sombra
A morir en paz,
Pero no es sencillo
Ni hay tranquilidad

Porque la agonía
No es de los demás,
Sino de uno propio...
¡Vamos, mía mitad!

Iremos andando,
Haciendo ademán
De que nada importa
¿A quién lo contar?

A un lado ramas
Inquietud nos dan,
Cayéndonos secas
¿No nos secarán?

Tocando las lindes
De la soledad,
Se agotan los sueños,
La vida se va.

Pisando las hojas
De cobre mortal
Se pasa el Verano,
Caliente animal.

EL AGUA DESDICHADA

¿A quién recuerda el agua,
Con quién sueña la onda,
Cuál es el gesto que desanda
Esa desdicha en abundancia honda

De lenta multitud casi callada
Y gotas con rigor harto fugaz?
Acaso descendiente de cascada
Ni busque ni rehúya ya la paz.

A veces, con su voz nos humedece.
Y otras, el alma así evapora;
Calenda nuestra o tal vez prece

A nadie dicha, que por nadie implora
Y que gotea todas las vidas;
Ajenas, propias, solas, compartidas.

EL SER INTERMITENTE

Numeroso, como el agua
Y su incomparable sistema transparente,
Era mi tiempo al contemplarte.
A veces un gemido hecho de roca
O una gaviota interrumpida.
Apenas lluvia que se marcha.
Mientras se escuchaba, hablaba, se callaba
Fluyeron los términos de un arca...
Para que tú los comprendieras
Y, recibiéndolos, un sentido sólo descubrieras
A la mañana y a la tarde.
El fuego, la dolencia en que te encuentro
Qué reticencias no sorteaban.
Les faltaban signos, idénticas señales que serían
Sus huecos.
Os he tributado la esperanza
Pero podríais levantarla. Igual me da,
Volved el eco sin oírlo
A quien lo os dio. No más unciones.
Un poco que esperada fue la línea,
En el agua serpea por un instante.
Dejadla con sus ansias, no la toméis por vuestra
Pues es la sed que sale huyendo turbiamente.

AULAGA EN LA MARALTA

La luz del sol, la primavera
Ya nada nos reservan.
Más bien se siente
Cómo quienes por nos la observan
No son ya nuestra gente...
Ni estamos en la edad primera,
Que todo nos desoriente:
La luz del sol, la primavera.

Y si así sois, cansancio,
Nunca os daré por bienvenido:
Por vos bebemos vino rancio
No añejo, pues fue nuestro el descuido.
Al sol veremos como opaco
Ni brilla ni se apaga su quimera;
Pues fue servicio flaco
La luz del sol, la primavera.

INSTRUCCIONES
PARA ARMAR NINGÚN MODELO

> Ó guitarras de Alcácer-Quibir
> Chorai-vos cantando, gemei a sorrir.
>
> A. Lopes Vieira

Escribir un artefacto.
Narrar un poco
Nuestro paso por las secretas tardes.
Sentarse a esperar que la memoria enfríe.
Tener un lugar futuro, un fruto
Que se pueda morder en las praderas.
¿Qué busca el hombre en sueños?
La huella que no deja, el arma en llamas.
Contemplar aquellos tiempos del peregrinaje,
Repasar su seca vasija
Y llevarse a los labios el polvillo dorado
Disuelto en licor crepuscular.
Campanas. Lejos. El aire que reclama.

VI. Heridas que se alternan

Alguna vez, en los primeros días que la lengua portuguesa me fue indispensable para sobrevivir, escuché una palabra, cuya ortografía no podría asegurar pero que es algo semejante a *Estalinhas*. Servía para designar el ruido que se hace al tronarse los dedos, o, mejor, para nombrar ese acto. Parecía pues perfecta para indicar las voces que susurraban mis poemas.

Pero esas mismas voces me insinuaron que nacían, en el sueño o la vigilia, de la garganta de ese ser proteico que sufre dentro de nosotros por ser él mismo y no nosotros, y que sólo con la muerte se podrá realizar.

Ese ser cubierto de heridas que no cauterizan y cuya cicatriz es la desaparición de su existencia. Las heridas que le duelen le dieron la vida, pero son tantas que resultan más una tortura que alegría. Son heridas latentes, pero duelen por separado, de una en una. Y cuando una cede en su dolor sólo es para que otra irradie con más fuerza. Comprendí entonces que este libro estaba hecho, como la vida de muchos otros, *além da minha,* con *Heridas que se alternan*.

Ruidos vanos, maldad: dolor inútil. Obsesiones de seres que existieron antes y se niegan a apartarse de la faz de la tierra. Todo esto reunido en mi pecho, obsediéndome; que no tenía otra posibilidad sino la de cederles mi voz y sentimientos como campo de sus batallas, no por ello triunfales.

Considerad, si sois algún lector, que ni reflexión o meditación, mucho menos descanso se pueden esperar de estos poemas, que son *Heridas que se alternan*.

Celta es alguien
que a la mitad de una escalera
no sabe si sube o baja.

(Dicho citado por el poeta y pintor gallego
Luis Seoane al autor, en Coruña, octubre de 1978).

A CONTRAPIÉS

a Cleber Iobo Machado,
en su exposición Antropología del año 4000 d. C.

Vivir es bajar escaleras,
Aprender es bajar escaleras;
Pero ¿cuándo subió uno esas escaleras
para poder bajarlas?

MEDITACIÓN SOBRE LOS MANIQUÍES

De la pintura de Bia Wouk, y para João.

Un laberinto es lo que somos.
Tiempo sobre tiempos sobrepuestos.
Sueños, sobresueños, pesadillas.
El agua quieta, no se sabe
Qué aguarda, con la luz repite
Caninamente nuestra estancia.
La vemos caminar por esas calles.
Nos llaman reflejos, ¿y lo somos?

HABRÁ PRESENCIADO SU CORAZÓN

Hay un hombre de espaldas que contempla
Las pistas abandonadas, donde las roturas
Muestran una tierra sorprendida.
Los hangares desvencijados, en cuyo interior
Se amontonan los recuerdos de antiguos pilotos;
Muertos algunos entre el humo y las evocaciones,
Otros ya viejos, que se despiertan oyendo los gritos
                              [moribundos
Y el estruendo de los bombardeos, mezclado al derrumbe.
¿Ese hombre ha venido de muy lejos
O del pueblo más cercano al campo de aterrizaje
Que fuera todo polvo animado en el coraje
O carne endurecida en el temor?
Hay en su traje un aire de paisano
Que alguna ocasión llevó uniforme.
Los hangares conservan, casi ya irreconocible,
Una gran estrella blanca cada uno.
Y ahora acaso el hombre venga del campo
Donde ha visto cascos de sepultos soldados de infantería,
Comidos de humedad, tiempo y olvido...
Y rotos,
Con un brazo de árbol que los sostiene y perfora...
Puede ser que haya olido alguna flor silvestre
Y haya querido tomarla entre sus toscas manos.
Entonces habrá caminado entre la hierba, con un verdor
                              [de primavera
Y habrá visto crecer el musgo en botas abiertas y roídas
Que yacen junto a corrompidas hojas del pasado verano.

Habrá entrado al campo con cerca de púas
Y hurgado con los ojos en las estacas que muestran
                    [los metálicos cascos
Que cubrían cabezas temerosas, aunque llevadas
                    [por el patriotismo,
Y quién sabe, quién sabe
Si no habrá presenciado su corazón
Cómo una araña se pasea entre los huecos de una vieja
                    [máscara de gas,
Entre la tela que otra araña tejiera otrora...
Habrá pasado la mañana y el mediodía en la
          [contemplación de ese paisaje
Y comería entre ruidos agrestes y olores salvajes
Perdidos para él...
Acaso su comida le supo a nostalgia
Y a nombres de idos compañeros
Y habrá empezado la tarde saliendo de ese campo,
Deteniéndose con una vaga sonrisa y un cigarrillo
                    [entre los labios,

A contemplar el otro lado de la cerca de púas,
En un costado opuesto a aquel por donde entró.

Caminando habrá visto filas y filas de cruces
Alineándose contra el horizonte,
Con su color negro húmedo
Que parece invitar pájaros a la búsqueda de gusanos;
Entre tanto verdor sus ojos mirarán el camino, donde
                    [quedó la bicicleta,

En la que llegara a este aeropuerto abandonado,
Donde ahora le asaltan los años
Y su lejanía, en silencio

Tan enemigo de aquel ruido que las hélices hacían.
Y tanto las esperanzas como el miedo
De aquel que sabe que el destino de los pilotos
                        [que no regresaron

Puede ser suyo la vez próxima
Y ve en quienes vuelven
Su propia ausencia para siempre.
¿Qué oye con piedad tan grande?
Acaso ni él lo sabe:
El viento cargado de otros tiempos,
La preparación para la sangre.

a Gabriel García Márquez

OTOÑO SIN PERDÓN

Quiero, pidió el Ser a su Demonio,
Conocer tus facciones,
Ver sus caras.
Aquella deidad antigua
Tuvo piedad del Ser
Y concedió a su vista y tacto
El conocimiento sin aliño.
Horas y existencias sustanciales
De mutua contemplación y lucha sucedieron.
Era otoño sin perdón para ninguno.
Nacía el amor, entre sondeos atroces
Y bestiales caricias que encontraron su contorno
En las nervaduras rotas de las hojas cuyo susurro
[propiciaron.

CON LA CUCHARA EN EL PECHO

a la Sra. Teresa Struck

Con la cuchara en el pecho
Bebiendo de las amarguras
Neblinas y olas de ceniza
Llueve por encima de las esperanzas
Para quien no las tiene
En verdad es sencillo morir
Más aún que olvidar
Y aún más que amar
Bajar de la vida en el agua
Quedar como piedra en la playa
Extraña y lejana según el crepúsculo lento
Las imágenes son sencillas y parecen velas
Que dejan el humo de su noche
En el mal espíritu de una prometida
Que no espera ni un poco más
Con la cuchara en el pecho
En el almuerzo de los ángeles enfermos
Los ángeles de la tierra avistada allá abajo
Que ya vamos a morir
Con la cuchara en el pecho
Y sólo unos fragmentos del día con nosotros
Que tienen una extranjera campana
Una campana que suena en la boca del viento
Venido del corazón de los viejos árboles
De la humedad sin pérdida posible
Con la cuchara en el pecho
Regresando al pantano cercano y secreto.

GUINDALETE

Soy el oscuro soldado que guarda el estandarte.
No hay gloria en mi puesto, hay muerte.
Pero de aquellos de quienes se dice se cubrieron de gloria
Yo apenas veo rostros cubiertos de polvo, sudor, sangre
[y heridas.

En las batallas participo
Únicamente cuando el Portaestandarte vacila,
Cuando cae vencido o un tajo lo conmueve.
Soy el sustituto de quien debiera retirarse el último
Y esa fortuna mía se la debo a una mujer que el
[capitán posee.
Poco placer me dio antes que descubiertos fuéramos
En la noche fría, amándonos sobre el lecho que llora
[la fugacidad del amor.

No hay misericordia para mí,
Tampoco habré de qué dolerme.
Si hoy vence el bando en el que lucho
Otra ocasión habrá que lo derroten.
A muerte condenado
Aunque al nacer lo fuera ya,
Mas en verdad me precipitan.

Escasas palabras éstas.
El temor anuncian e indignamente preceden
A la cercana lid y al hierro emitiendo corrosivas ondas.

Ahora calla mi voz y es tarde
Entre gestos esforzados y maltrecha carne
Y humeantes miembros.
Allá se doblega el estandarte. Adiós.

SO SU TESTA

El oficio tuyo es ver y oír:
Tomar dictado.
Ser sordo a tus urgencias y evadir
La compañía que no te ha acompañado.
Como soldado de naciente guerra
Has de pensar en tener firme la cabeza,
A la que han puesto precio aquel que te destierra
O quien se presume superior a tu vileza.
Notas ya que la soberbia te rodea
Y aquella gente que, de pura, manifiesta
Lo que no puede hacer, pues so su testa
Nada hay que para otros cometidos bueno sea.
Fácil juzgar para negarlo
Y cómodo por insulso su universo
Hoy, para quien así piensa, parlo.
No más infeliz ni más perverso.
Sólo tendríamos que tener esas medidas
Y veríamos que son iguales nuestras vidas.
Al fin notarán los que aquí estén
La democracia de la muerte. Ahora ven.

TRAPO AL AIRE

No, ni ésta ni otra ninguna
Son la tierra del traidor
Que aguarda entre mis sombrías cavilaciones.
Hermosa tierra, latiendo en un intento doloroso
De alertar a aquel que se dispone
Al acto de traición, que yo persigo
¿Acaso por ser yo mismo siempre?

No hay tumba, ni olvido, ni descanso.
Volveré a nacer siempre un trapo al aire,
Saludo del fuego
O cortesía del viento,
Pero nadie.

DESTINO NO DE TODOS

i

Cuando la luz, la oscuridad
O los crepúsculos,
El hombre sale de sus años.
De lo que fueran sus ancestros
Y en él perdura,
Lo que se ha vuelto humo
Pues ardió, destino no de todos,
Acosa al ser que sueña,
Bajo la luz atroz.

ii

El hombre ha caminado
Hondamente por el tiempo.
Sus ojos tienen huellas muy oscuras,
Como si hazañas fueran,
No memorias.
Hoy que regresa, como tensada cuerda
Tocada por el Hado,
Toda música resuena lejana
Y clama;
Le es vida dejada.
Hombre de su insolencia,
Sólo ésa es vida.

Traer lo que posee, su carne y su nostalgia,
Sus años y sus ansias.
Nombre no tiene, mas si le das el tuyo
Alguno dirá cuando se muera.

MÁQUINA DE LA MEMORIA

Mientras todo fue el fragor fuera del pecho
Pues enfurecido me llevaba
No hubo tiempo a la nostalgia
Ni un pequeño rincón a su cosecha.
Hoy, herido de muerte entre cadáveres,
Hago memoria.
Nadie podrá repetir estas palabras.
En ellas me confieso.
Las heridas que humedecen mi pecho
Ardores precipitan y una especie de más prolongado sueño
Siento que llega.
Ay, no tengo arrepentimiento alguno
De la gente que halló muerte en mi mano.
A eso venimos a la tierra:
A dar muerte o recibirla.
Y ya logrado tal efecto,
¿A quién le importa?
No, no me da miedo estar muriendo,
Tan sólo quisiera que abreviaran.
Oigo aquí cerca a un natural
Que asesta golpes de gracia a compañeros.
Ojalá pudiera gritar o removerme
Y él me viera o escuchara.

Acabó también todo coraje.
Me pesa la carne de los otros
Que oprime esta masa que yo soy
Una ventaja: no verme mutilado

Ni así permanecer más que el día de hoy,
Que es infinito.
Ni cuchillo ni bala
Vienen a ultimar la obra de los otros.
La sangre que derrocha mi agonía.
Oh, Dios, las nieblas hermosas que me alcanzan.

Con la carta en la mano
Y el viento al arrugarla
Llorará un poco.
Pero se ha de arreglar el pelo,
Se estirará el vestido hasta rozar el suelo.
Abrirá el biombo de cristal que cierra el paso
Entre el jardín más bien agreste
Y el ruido de los platos, los cubiertos,
Las copas y la gente.
Los comentarios infantiles sobre su esbelta belleza,
La adoración adivinada que algún comensal siente
[por ella
Le arrojarán a la cara
Las viejas imágenes del soldado que murió
Hace unos días, en tierra extraña,
Matando por dinero,
Pero cuya carne ella quisiera sentir de nuevo
Dentro de sí, oh, qué hacer para pensar en él de otra
[manera.
Mientras se sirve vino
En una copa opaca
Siente el desprecio que le tuvo,
Porque era él un ser infame.
Pero la carne inflama
Y se reseca en un dolor ya sin salida,
En una estancia de familia,

Donde los invitados nada saben.
Sus niños le sonríen. El marido es amable.
¿Dónde esconder la carta?
¡Qué sueño tan desagradable!
Mas no despierta
Y, de repente,
Al llegar a los postres,
Grita con las fuerzas que le quedan
Y cae sobre la mesa, resbala aferrándose al mantel.
No, no está muerta.

LOS HABITANTES DE LA NOCHE

Mientras el corazón reposa
La noche hace sus coágulos
Y entre los ojos de sus habitantes
Reparte su especial fatiga,
Más de obreros del desahogo
O inmundos conductos que vuelven siempre al punto de
                                                      [partida.
Así quiero invocar esta torpe nostalgia
Que me nombra, ay, frente al destino.
Se bifurcan, crecen, avanzan
Las tenaces sombras que el tiempo inyecta en todo cuerpo
Hasta dejarlo enjuto al hueso mondo
Y al hueso en polvo que se dispersa y salta entre las
                                                      [rocas...
Quisiera saber que ha pasado la noche que nos
                                                      [correspondía
Y que hemos sabido disfrutarla hasta la muerte
Porque todo después ha de ser el movimiento que decrece
Hasta poder decir:
Mientras el corazón reposa
Oye cómo se te recuerda,
Con esa suave falsedad cuya simiente ya estaba en los
                                                      [ojos de quienes miraban
Tus primeros actos de un salvajismo sofocante.

DEPOIS DE MANHÃ

Pero abrirías tus ojos, tardíamente,
Para elegir el viaje, no el sendero;
Quizá el meandro que te miente
Oiga verdad, y tú no seas sincero.

¿Qué puedes preguntarte y ante quién?
Amigo torpe, en vano instante,
A nada habrás de responder con bien
Tú que estás siempre distante.

EL DESNUDADO BRILLO

El vino, el queso y una siesta
Bajo la luz de otoño esperaría
Para alcanzar la muerte en ese día:
Día del encuentro, día de fiesta.

Probar el pan, la noche y la mujer
Es la última, constante, despedida.
Mirar desde la almena allá, tu vida
Abajo, y antes de salir, beber.

Pero la muerte es un platillo
Delicado, consistente, del que vive
Con sola su sustancia y prueba y mide
La noche espesa o el desnudado brillo.

DOCTRINARIOS DEL AMOR

Con silogismos y razonamientos
Llenaron páginas inútilmente.
No hallaron nunca los encantamientos
De la poesía, pues fue su mente

Sola entre sauces, vericuetos,
Por do van los caminos indicados.
Llegaron tan sólo a los secretos,
Mas no a sus jardines y los hados.

Y cuanto así pudieron descifrar
Práctica fue, vigilia, pensamiento.
Los sonidos repitieron, no el cantar

Que ellos creyeron aire, nunca viento.
Es así. Fue así. A este su lugar
Vengo también yo, pues que lo intento.

DESDICHA, SÓLO FUENTE

Compañía mejor nunca has tenido
Que aquella comprada turbiamente;
Otra hubieras para ti querido
Si, para los demás hiriente

Más para ti, que la has sufrido.
¿Será que tu desdicha es sólo fuente
Que mana para ti, y a tu pedido?
Pregúntate y en eso ya detente.

Eres lo que tú tienes y no tienes:
No fortuna ni fuerza, tú dirías.
Más bien hoja a los vaivenes

Expuesta por años y por días.
Te nacieron amante a los desdenes
Y a quien te ama, sólo un galimatías.

HISTORIA DE LA LITERATURA

Repetir las palabras, no el sentido,
Repetir el sentido, las palabras no;
Entre uno y otro es tanto el ruido
Que nadie oye el silencio que pasó.

¿Habrá silencio tal y tan medido
Que alcance para todos la porción?
Lo que será ya fue y aún lo sido
Poco ha de ser y pobre su noción.

Oficio torpe el tuyo, y adquirido
Como todo principio de extinción.
A la noche y al sueño lo perdido.

A la libertad que arde en la prisión.
Ni cuerpo pleno o músculo rendido
Y que agotan el duelo y la pasión.

LA LUZ QUE YA SE IBA...

Recuerdo que te miré con miedo
Cuando te sentabas frente a mí.
La belleza al ser tan grande y honda
Es inhumana y dura, sin piedad.
Mas tu dulzura, la suavidad de tus ideas,
Las palabras medidas en que iban expresadas
Y esa infinita ternura que era tuya
Debieran haberme hecho perdonar tu belleza enorme.
Pensaba que podrías cambiarme,
Hacer de mí a capricho tuyo aquello que desearas
Y temía. Ay de mí.
Cómo decir lo mucho que llenaban en mi huera vida
Esos minutos en que eras para mí,
Qué informe todo lo que no fueran los instantes
Contigo así pasados.

Llegó entonces una tarde a mi memoria
Como disparo de un arma certera, mortal, inevitable
En que despertaba de la siesta
En otro continente, allí, en mi cuarto
Y aún deberían pasar un par de horas
Para ver a esa mujer cuyo cuerpo era
Sencillamente hermoso como su habla y su compañía.
Acordé por el intenso dolor que tanta dicha habíame
                                                [dado.
Pensé que nada podía ser así maravilloso,
Pero que era intolerable tal felicidad.
La luz que ya se iba lo decía

Y el corazón dolíame en extremo, desdichado,
A fuerza de alegría tan abundante.
Supe entonces aquello que hoy quiero decir
Mas que no puedo; mejor sería intentarlo
De otra forma, ¿usted podría?

ECOA

Los años susurrando boberías
Mientras el rey las celebraba
Y los cortesanos, *coitadinhos,* te temían.
Mas él cantaba,
Tú le oías.
A otros años fuiste
Pues la reina, ahora santa, te sabía
Emisario del placer
Y de tu incurable desazón.
La más cercana del vacío.
Ó bobo da corte, no escribas ese nombre.
Tu soberano fue y devuelto
Te hubiera la tierra de tus padres
Y aun el título que no sólo por herencia merecías
Mas ele gostaba das tuas brincadeiras.
Que los burdos bebedores e intrigantes,
De cuyas maldades tú sabías...
¿Enterado estás acaso si te demoró la muerte
Al evitarte el castillejo y tus vasallos,
Hoy, que recuerdas en lengua detestable?

HOMENAGEM AOS TROVADORES
E AS DONAS GALAICO-PORTUGUESAS

> *Nem ei barqueiro nem remador,*
> *e morrerei fremosa, no mar maior,*
> *eu atendend'o meu amigo!*
> *eu atendend'o meu amigo!*
>
> MEENDINHO

Un bocinazo entrando al túnel,
digo, de los significados:
No quiero que me entiendas,
quiero que me ames.
La que no me molesta.
Y yendo atropelladamente atropellando,
silencio o voces y las acumulaciones de lo oscuro,
donde el agua es rechazada,
donde saltan los goznes expresivos
y cantan hasta los sueños y sueñan hasta los cantos:
arriba, arriba, arriba.
Ai flores, ai flores do verde pino,
se sabedes novas do meu amigo!

Ai, Deus, e u é?

Pequeñas hendeduras, azules linternas como bocinas
[en el alba,
una torre que erige siempre su piedra a nuestra espalda
vencida siempre hace poco o ignorada,
que una vez después de nos

se vuelven a vencer a otros misteriosos,
insensatos guerreros que las desafían
y con su desafío resurgen, se levantan,
ondean un poco y petrifican:
nuevamente torres.
(Pronunciarse ante la dicha
o el eterno femenino a que aún algunos aspiramos).

Ahora a prepararse para las aguas del silencio,
las que entran por fin con Polifemo,
las que dejan navegar barcas que tiritan
porque quedaron en armazón y no se hunden.
Alguien puede tener unos tablones:
que sea algún rey quien los mandó labrar.

*Fosse o rei neto
do nosso pae Affonso X!*
Suspiran los cabellos que son olas
que, sonoras, invaden remos y mujeres
dispuestas a todo lo demás.
Señora, cedo el micrófono a Joan Zorro,
que tengáis a lo bien escuchar:
*El-rei de Portugal
barcas mandou lavrar,
e levará nas barcas sigo.
mia filha, o voss'amigo.*
Aquí se modifica y canta Hugo Vidal:
*Vanse los mis ojos
y se van muy solos.
¿Quién los acompañará?*

AGUA LARGA

La noche que está en ti,
Oscura y ancha,
La noche que te aguarda
Parece que va a salir, pues que te envuelve.
Camina, paso de soledad, camina.
Escribes lentamente despedidas
Sólo para demorar un poco
El destino que se interna en alta mar,
Esa alta mar antigua,
De mares sin fin
O de caídas de agua larga,
Quién sabe dónde.
La noche que está en ti,
Te llama.
Y ya no hablas ni miras
Si entre tus labios, de tus ojos
Sale la negra piel en que te ensanchas.
Camina, paso de soledad, camina.
Oye las muecas que te estampan
En este tiempo que dicen que viviste.
Parca.
La noche que está en ti.

AUTORRETRATO TOMADO EN FEBRERO

Un laberinto de papeles.
Algunos hoscos garabatos,
Y el sueño en que me pierdo a ratos
Son, acaso, los retratos
Que de mí hubiera, los más fieles.

Pienso mientras estos signos trazo,
En si quedará de mí memoria alguna.
Y mientras varias obsesiones, una a una,
Me definen, un recuerdo me importuna.
Es todo lo que dejo acaso.

USTEDES ESTÁN EN ESTAS PÁGINAS

Un texto explicativo,
¿Quién lo necesita?
Oh, tan sólo decir unas palabras.
Me oyes camino de las tablas.
Luego bajarás a las butacas.
Por lo pronto, déjate oír.
Un texto explicativo.
Algo que una tantas líneas disparadas.
Comienza, por ejemplo:
El tiempo, que ha sido corto,
No me permitió hacer más.
A bien sírvanse disculparme.
Y luego esas palabras tan cortadas
Que parecían de cálculo ensayadas.
Un texto explicativo.
También podrías decir:
El dolor, la soberbia que da el duelo,
De altanería te dio su oficio
Y ustedes están en estas páginas
Leyendo muy diferentes causas.
Un texto explicativo.

MENSAJERO DE LA DESOLACIÓN

Horus, camino es éste que no encuentras,
¿Como a nadie lo puedes señalar?
Ni sabes de ti, que mensajero
Serás de la desolación.
El aire se violenta y avanzas tú, cortante.
No se te espera en parte alguna.
Llegas, Horus, desciendes
Y, extrañados, los visitados te reciben.
¿Qué niebla desvanecen los tus filos
Que más valiera que permaneciese?
Abrazas dulcemente —tú lo crees—
Y sabes después que llevas, eres
Tan sólo el guía de tales almas,
Si las hubo.
Ave, señor o segundón,
Hoy quisieras ser aquel a quien le muestras el sendero
Y que tu alma fuera Horus.

LAS CUATRO ESTANCIAS

i

El mundo pide
Que uno sea como ellos quieren.
Otras veces, diferente.
A unos absorbe y mata por hallarlos atractivos.
Hunde en el olvido y el desprecio a muchos
Por encontrarlos repulsivos,
Justicia mundana inevitable.

ii

Un signo sin correspondencia,
¿Es signo?

iii

Oír cómo las aguas de la muerte
Llenan los vasos que no bebes,
No te evitará el horror de oír muy pronto
Cómo tu líquido rebasa el continente
Que tanto quisieron para ti tus adversarios
Y cuyo deseo de todas formas se realiza.

iv

No se oye la canción.
No se oye.
Cantémosla de nuevo.
No se oye.

ESPEJO CON DOS CARAS

Como una falta en el cuaderno
Te tacharon.
Si te atacan, te dijeron,
Perdona, ten paciencia;
Olvida, aparta el rencor hacia el olvido.
Pero date a quien te ama mucho
Y más a aquel que te odia.
Lo mismo le dijeron a tu opuesto,
Pero al revés que a ti.

VUELTA AL SALITRE

Han llegado a las últimas tardes
Como a una ventana
Sin ti, que tampoco llevan tu nombre.
Y las lluvias pasan, porque deben pasar,
No porque ocupen tu ausencia
O el acto mío al invocarte.
Cómo se destroza el aire de buscar tus contornos;
En un madero flota la memoria apenas sollozante.
Ya no hay llamaradas de ríos según tu cabellera,
Abundan los cables sin mensaje,
Florece el ansia en el polvo del duelo
Pero no tiene huellas ni hay tallos que le basten.
Allí había sido el homenaje,
La torre estaba y los torneos
Donde llevé por enseña tu tristeza dulce.
Oh, capitana, emboscado en la estela nacida en tu nombre
Miré las parejas salir a ayuntarse.
Nada más supe.

ESE VINO CELEBRANTE QUE ES LIXBONA

Entre los años yace una yerba sólida y latente
Fugazmente entrevista
Desde una alta soledad, no sin desvío.
Pero es inevitable su reflejo desvalido.
Acudirías extrañamente como a un agua secreta
                                        [y dormida
Que en tus labios despierta
Sólo para nombrar tu amada.
Un hueco en tu memoria que se hilvana
Alumbra la luz de la ceniza prometida
Y no debiera, oh, las columnas de la Plaza del Comercio
Lixbona, que lates fuertemente concentrando
Los días que hermosos fueron y su cauda,
Mírame, óyeme, llámame un poco menos
Para que el desbordante dolor no me disuelva.
El Tajo que pasa mirándome con sueño
Y el féretro enorme de Camões.
Ah, si nunca los hubieras visto, si no hubieras
Probado de ese vino celebrante que es Lixbona.
Ni esa terrible belleza: Portocale.

No son tierras extrañas,
No evitarás la tradición ni sus entrañas.
Has devorado ya al profeta
Mas nunca lo digieres,
Allá, para ti, interno.
Lo oyes repetir anunciaciones
Y algo que nombrarías como desgracia
Si entendieras qué asunto no lo es.
Ni en ti ni para ti callarlo puedes.
El sol, avanzada ya la tarde,
Te da esa luz por la que tanto suspiraste.
Tarde, luz, Lisboa,
Ni dueño de ti mismo ni acompañado de persona
Conoce, reconoce, ve a través de tu mirada
Cómo las piedras son de piedra
Y tú de sueños y de sangre.
El viento sopla en tu cabello y entre plantas.
Algunas hojas en el suelo van de paso.
Feliz, al fin, es el encuentro
De ti con tu desastre.

DOMINGO, EN EL JARDÍN CONSTANTINO

ADIÓS A LISBOA

"Cerrad los ojos y veréis mi imagen"
Tal anunció el agonizante
Y el lector de manos tuvo miedo.
Era la tarde, afuera, de una luz ceniza
Que la lluvia neblinosa sustentaba.
Y en esa habitación que, por desnuda,
Muy amplia y desolada parecía.
"El miedo aquí termina,
Al menos el miedo que era mío.
No rozará más esta piel del aire
Ni escanciará el desdén su clima espeso
Sobre mi cráneo con senderos."
Y el hombre que temía,
Cerca de mí; pensaba en sus mujeres.
Yo sólo tenía para mí mismo
La llaga y el vinagre y un billete
Para por tren salir al día siguiente.
Quien moría otro era hoy,
Es decir, su destino desandaba el trecho todo
Que, breve, del camino humano fue su parte.
Y el tiempo le sobraba
Aunque la muerte fue en segundos que llegó.
Y aquel que se orientaba
En las líneas de los otros,
Pidió licencia de salir afuera.
Quedé con el cadáver solo
Sin moraleja y sin monólogo
Pero sí recordando

La envidia que le tengo.
Cuando llegó la noche y oí en algún reloj las campanadas
Salí a la calle. Ni lúgubre o solemne.
Pues desnuda el agua contra mí se daba.
Así me despedía la ciudad de Affonso Enriques,
Con lluvia y soledad y algún cobarde.

RECORRE EL ANSIA

En el largo aliento del secreto,
En el largo cabalgar de toda huida
Una pregunta es mucho para oírse,
¿Y cómo aspirar a una respuesta?
El pensamiento llega entre jadeos,
Su roto relinchar se apaga en agua
Y en pienso un poco amarillento.
Pero no hay nombres que se puedan invocar
Y menos aún los cuerpos que les corresponden.
Acaso quedarían los sentimientos en la cal
Al seco ardiente viento expuestos
Ya mondos y aun brillantes de la arena
Que tanto los roza y los arrastra.
Y corriendo, adelante, entre el rocío
Un gesto en telas desgarradas
Que lleva algún emblema a ras del suelo
Y parecería querer guiar a quien buscara
Alguna dirección o una esperanza.
El repaso de la ausencia, no se sabe
De qué o quién recorre el ansia
De esta arena venteada entre cortezas
Del fruto que Eva nos reserva si es que Eva
Hoy algo para alguien significa.
Nada fuera de la sed surca este mar del tiempo,
Oh invento de los hombres donde naturaleza
Fundó un desdén capitular
Que aún se oye vagamente
Y ya a nadie sorprendiera por más que sus **salidas**

A los más extraños lugares condujeran,
Que habitados estuvieran de todas nuestras
                         [imposibilidades,
Pero ahí posibles y concretas, contantes y sonantes,
Como esa moneda sólo buena
En manos de un cadáver del que sólo queda huella
Y que en breve el viento correrá con esta arena
Que no tiene sonido ni silencio.
Y entonces es que ya no hay nadie
Mejor que alguien siempre mejor que alguien.
Un olor de agobiada insistencia,
El repetido tropiezo de las valvas
De una maquinaria carnal que sigue estando
A merced del insomnio y la condena
De una conciencia donde no hay infierno
Y el alto azul copia y enfría
La yerta marea que va sellando las trampas del misterio
Que a solas, en un mundo de huecos,
Desanda y desenvuelve alguna esencia
En que a todos los que aquí asomamos
Impregna para de esa manera no dejarnos nunca.

ESA LUZ COMO UNA TÚNICA

Con la luna se paga al hombre
Alguna noche en que su aparición
Fue moneda de opaca fortuna.
Le sería adversa si no la jugara,
Esa luz como una túnica,
Antes que a su redondo vacío
Esculpan los filos estriados
Que a lo largo del largo desfile,
En sus generaciones de doce
Se elevan como blasfemias precisas
O fecundando el fondo.

ESPEJOS EMBISTIENTES

Ni en la muerte espero dormir
Álvaro de Campos

Es el agua, amiga,
El agua del insomnio
Que larga, cansadamente se derrama.
Óyela cómo se levanta
Sobre tu alma.
Tú, que aún sollozas entre lienzos,
Que repasas viejos rencores
Con un cuchillo roído por gangrena,
Como el niño que las rejas
De la ventana hace cantar
Con una regla de la escuela.
Pero si tratas de sestear,
Oyes el agua,
El agua, amiga mía,
El agua en que has de ahogar
Tus amores, los desalentados,
Los vestidos y los amantes que tienen otras que tú
                                            [envidias,
La joya que robaste
Y descubrieron en tu bolsa,
Destinada a ti como regalo ya desde antes,
Pero cuyo presente así evitaste.
Mira los cuadros sombríos que vigilan tus sueños
                                          [para siempre,
En galerías de espejos embistientes

Que nacen de un agua pesada y ronca,
De un agua persistente que se mueve a grandes
[torbellinos,
Que cuando ya va a ahogarte se retira
Sólo para que le des espacio que invadir
En la esperanza,
¡El agua del insomnio, amiga mía!

AQUÍ, DEL REY...

Pastiches y homenajes al poeta Mutis, en ocasión del premio de poesía de Medellín y sus 60 años.

i

La destilación de tu miseria
como gotera de existencia,
que, hasta sacarles brillo, pule imágenes murales
                        [de la infancia
donde aparecen los personajes soñados y asumidos
en los días de alegría y feroz nostalgia,
paralelos al desliz,
vuelven a ti en tiempos que ya no más te son adictos;
el húsar, sus hazañas y esas lástimas por el genio
así del poder como en la obra escrita
se encuentran ya en otros, abandonados territorios;
los seres que tocaste y que te dieron
la medida en que la hierba se levanta entre rieles
de un convoy que te recuerda;
crece el silencio hasta espesar la ausencia,
esa que ha de embriagarte eternamente.

ii

Avanzan entre trotes
y aventuras los gonfaloneros.
En el cofre de la sarna

que a los lomos de sordas y alarmadas bestias
transportan con grandes alabanzas,
esas de esqueletos que gritan órdenes,
merodean el lugar de sus ayes,
las tierras que les han de arrebatar las ansias.
Alguien nombra los bandos,
los hidalgos,
las causas,
las famosas armas,
las dinastías, las casas.
De uno y otro lado se disponen al encuentro
y los cascos laten,
en el polvo anuncian los asaltos,
aceros se cruzan y se mellan...
Y los vistosos uniformes,
sus alamares rasgan cielos,
ceden a los labios atroces de la herida.
Huele la sangre de las bestias,
más dulce que la sangre humana:
entre las últimas moradas de estupor,
festín de dioses la ira, el abandono,
los enrojecidos regatos al pie de los cadáveres
con la frente hinchada, de miradas ya sin cambios.
Se ciñe la batalla
al jinete de la peste
sobre del cuello de su tenaz cabalgadura,
clava su lanza y mira:
cosecha grande es ésta.

UNA PREGUNTA SOLA

Los que murieron cantando un himno propio,
Los que murieron cantando un himno ajeno;
Los caídos del lado de los justos,
Los muertos del bando equivocado,
¿Quiénes son?

a Ida y Enrique

HERIDAS QUE SE ALTERNAN

Te preparas a salir,
Te habrás marchado
Antes de lo que tú quisieras
Pero después de lo que otros han deseado.
Tus pensamientos son amargos
Porque nacen, son
Heridas que se internan, heridas que se alternan
Y te amagan,
Te devuelven a ti mismo.
Pero se internan tanto
Que pronto han de cesar
Y cuando acaben
A ti será a quien habrán llevado
Más allá de todo,
Sin aceptación alguna o sin rechazo.

DOS EPITAFIOS DE LEOPOLDO STAHL

a Álvaro Mutis

i

¿Quién, oh, quién me llama?
Yo soy el olvidado.
Vosotros, que conmigo habéis errado
Y que ardisteis tan sin llama
Igual que quien no yace
Aquí, escupidme la face,
O al menos a esta piedra
Borradla con la hiedra.

ii

El brazo del olvido
Eterno ya me alcanza.
También fui desmedido
En la desesperanza.

LOUVORES DA NOSSA TERRA

*Quadras da amizade
pra o Mutis e o Valentin Dominguez*

Levo uma terra pequena
A cantar dentro comigo.
Guarda viva a minha pena;
A minha pena de amigo.

Levo a noite, levo a estrêla,
Levo a minha vida á cena
Que a ser a terra tão bela
No comprimento é pequena.

EL ARCÁNGEL TOCA SU JAZZ FINAL

En la cerrada noche
La más espesa soledad
Concentra un llanto solo,
Sin alguien de quien nazca
Ni origen en el pecho
De ninguno.

Un aire de humedad doliente
Irá llenando todo hueco:
Un mundo, un mundo, un mundo;
Hasta acallarlo todo.
Éste es, aquí, sentidlo,
Éste es su núcleo.

Mañana y otros días,
De todos modos venidero,
Masticaréis su mecha,
Su fúnebre paciencia
De tal fuego de agua,
Incendio al fin, de la materia.

Y si os atrevéis a preguntaros
Alguna voz o grito,
Ni siquiera el silencio
Ha de salir al paso,
Que es un hundimiento
De este secreto estrecho.

Mirad si ahora que dormís,
Allá entre tanto sueño,
Nada sabéis de mí
Que soy para vosotros
Goteante profecía cumpliendo
Una sentencia atroz:

En la cerrada noche
La más espesa soledad
Concentra un llanto solo,
Sin alguien de quien nazca
Ni origen en el pecho
De ninguno.

ÍNDICE

I. Los varones señalados
El sueño del juglar

el juglar duerme su sueño de cadáver	13
Antes del acto	15
Lema y dama	17
Combaten dos enemigos del de la inquieta espada	19
El destierro	21
Adsum	23
Mambrú	25
Leyenda de mi sable	27

La noche del corno
Le grand claquin

Agudamente fieramente	31
Se encuentra entre doncellas	33
Han caído	34
Pasan las nubes por encima de su lecho	36
Oh cuántos cautiverios más	37
El rey ha muerto el suyo desafiante	38
Apenas oye las voces tan caducas como él	40
Regresa la misma noche de oscuras franjas	42
Ay voces de niños que lo invocan	44
Teñida la yerba estaba	45

Caballero a la moda

Técnica	49
Después de esos emisarios	50

Después entraron los sirvientes... 51
En plena tarde cayó su nombre... 52
Si le fuera dado, aceptaría su nombre... 54
Vanidad de vanidades, todo es vanidad... 56
El hombre fue, el hombre sido... 58
El ademán cobrizo de su nombre... 60
Aceptad la vanidad... 62
Tres fueron los campos, los escudos tres 64

II. La materia del tributo

Introducción de la posesión de la belleza 69
En toda mi vida poco supe de Tío Enrique 71

El enemigo recuerdo 73
La invocación busca el consuelo... 74
Vosotras, almas que acudís a mi memoria... 76
"Has de morir —me han dicho— 77
No ha nacido, oídme... 77
Danzas, canciones sí... 78
No era a esto que yo vine... 78
No soy, no lo parezco... 79
Cómo son semejantes las actitudes... 79
Vais hollando objetos... 79
El misterio de las cosas, ¿dónde está?... 80
Y sin embargo estamos fatigados... 80
Esta elegía fue del aposento hallada... 80
Ferrando, sí, él, acaso él... 82
¿Quién lo oyó que no lo escuche... 84
Han venido, oh manes... 85
La blasfemia 88
Último canto 89
Anáglifo. 90

III. Esta sustancia amarga

Aquí principio	96
Ya viene la cabalgata	97
Vedla que pasa	98
Mirar la anochecida	99
El follaje y sus espadas	100
La plegaria del desaliento	101
Equipaje lógico	103
Convalecencia oh, descubrimiento	105
Generación de mis asuntos	107
Digamos a una sola voz	108
Saudade	109
Antigua	111
Desigual, como esa voz...	113
Las armas enterradas	114

IV. Cantado para nadie

El delirio lusitano de Francisco Cervantes	119

Este barro que tampoco quiere olvido

Advertencia	123
México, 1974	124
En Cartagena pienso, anoto y velo	125
Reconsideraciones de la noche	127
Ya lejos, recuerdo Bogotá	129
Más que presente soy pasado	130
El momento	131

Recuerdos cobrizos

Cantiga distante	135
Cantar que no se pudo evitar	136

Prece pra uma mulher 137
Filos en la sangre. 138
Ao pé da praça Luiz de Camões 139

Dois mundos antigos
(homenagem e canções)

Duas canções misturadas. 143
Oito canções de saudades 145
Sózinho. 152
Doente 153
Viela. 154
Bajel de los sueños 156
Ouvido pelo marujinho 158

Carena de los sueños

Pequena prece pra esquecer a minha coitada sorte . . . 161
Castelo de São Jorge. 163
O preço. 164
Memoria de aquel pasto 165
Tens não Senhor. 167
O que diz cualquer assombração 168

Lenço

Adsum revisited. 171
Derradeira pena 172
Lenço. 173

Sustento del olvido

A. No hay una luz... 177
B. Quisiera hablar... 179

Dos poemas. 180
   i. Son palabras 180
   ii. Ondulante huella. 180

Mastigar água 181
Alguma viva dor 182
Dom Sebastião. 183
Quadras de natal 184

Lembras-te Galiza?

La Coruña. 187
Santiago de Compostela 188
A Corunha uma outra volta 189

Hacia los sueños sin memoria

Memoria del ausente 193
Desde afuera 194
Regreso 195
Un canto de las Galias que Julio César nunca oyó . . . 196
La espera 198

Cantado para nadie...

Líneas 201
Sou eu 202
Algures da tua lembrança 203
Fado dos meus quarenta anos 205
Aquel que recuerda 206
Los asuntos. 207
Cantado para nadie 208
Para entender el alfabeto 209
Los símbolos 210
Um boato coberto pela carne 211
Padre Atlántico. 212
Camões agoniza. 214
La fisura del pasado 215

V. Aulaga en la maralta

Piensan los dioses 219
La cruz de los escudos 220
Arcabuces que acallan nuestra lengua 221
Del esplendor y el triunfo 222
Xarbe 224
De testimonios y saudades 226

   Além 226
   Aquém 227
   Algures 227
   Invocação 228

Decáloco de Inés 230
Lisboa IMC 233
Materia de distintos lais 234
Canción mezclada sola 235
Del séptimo sello 237
Romance suicida 238
El agua desdichada 240
El ser intermitente 241
Aulaga en la maralta 242
Instrucciones para armar ningún modelo 243

VI. Heridas que se alternan

Alguna vez, en los primeros días... 247

Meditación sobre los maniquíes 249
Habrá presenciado su corazón 250
Otoño sin perdón 253
Con la cuchara en el pecho 254
Guindalete 255
So su testa 257
Trapo al aire 258
Destino no de todos 259
Máquina de la memoria 261
Los habitantes de la noche 264

Depois de manhã	265
El desnudado brillo	266
Doctrinarios del amor	267
Desdicha, sólo fuente	268
Historia de la literatura	269
La luz que ya se iba....	270
Ecoa	272
Homenagem aos trovadores e as donas galaico-portuguesas	273
Agua larga	275
Autorretrato tomado en febrero	276
Ustedes están en estas páginas	277
Mensajero de la desolación	278
Las cuatro estancias	279
Espejo con dos caras	281
Vuelta al salitre	282
Ese vino celebrante que es Lixbona	283
Domingo, en el jardín Constantino	284
Adiós a Lisboa	285
Recorre el ansia	287
Esa luz como una túnica	289
Espejos embistientes	290
Aquí, del rey	292
Una pregunta sola	294
Heridas que se alternan	295
Dos epitafios de Leopoldo Stahl	296
Louvores da nossa terra	297
El arcángel toca su jazz final	298

Este libro se terminó de imprimir el 9 de febrero de 1985 en los talleres de Editorial Melo, S. A., Avenida Año de Juárez 226, local D, 09070 México, D. F. En la composición se usaron tipos Baskerville de 10:12, 12:14, 14 y 24 puntos. El tiro fue de 5 000 ejemplares. La edición estuvo al cuidado de *Augusto Monterroso* y del autor.

OTROS TÍTULOS DE LA COLECCIÓN
LETRAS MEXICANAS

Avilés Fabila, René. *Hacia el fin del mundo.*
Avilés Fabila, René. *Tantadel.*
Azuela, Mariano. *Obras completas* (3 vols.).
Beltrán, Neftalí. *Poesía (1936-1977).*
Blanco, Alberto. *Giros de faros.*
Bonifaz Nuño, Rubén. *De otro modo lo mismo.*
Campbell, Federico. *Pretexta.*
Carrión Beltrán, Luis. *El infierno de todos tan temido.*
Castillo, Ricardo. *El pobrecito señor X. La oruga.*
Contreras Quezada, José. *Atrás de la raya de tiza.*
Chumacero, Alí. *Palabras en reposo.*
Deniz, Gerardo. *Gatuperio.*
Durán, Manuel. *Antología de la revista* Contemporáneos.
Fernández Mac Gregor, Genaro. *El río de mi sangre.*
Fuentes, Carlos. *La región más transparente.*
Gamboa, Federico. *Novelas.*
García Bergua, Jordi. *Karpus Minthej.*
García Icazbalceta, Joaquín. *Escritos infantiles.*
García Ponce, Juan. *Encuentros.*
Garrido, Felipe. *Con canto no aprendido.*
Gorostiza, Celestino. *Teatro mexicano del siglo xx.* III.
Gorostiza, José. *Poesía.*
Huerta, David. *Versión.*
Icaza, Francisco A. de. *Obras* (2 vols.).
López, Rafael. *Crónicas escogidas.*
Magaña-Esquivel, Antonio. *Teatro mexicano del siglo xx* (3 vols.).
Martínez, José Luis. *El ensayo mexicano moderno* (2 vols.).
Mendoza, Vicente T. *Glosas y décimas de México.*
Mendoza, Vicente T. *Lírica infantil de México.*
Mojarro, Tomás. *Bramadero.*
Mojarro, Tomás. *Cañón de Juchipila.*
Montemayor, Carlos. *Abril y otros poemas.*
Monterde, Francisco. *Teatro mexicano del siglo xx.* I.
Montes de Oca, Marco Antonio. *El surco y la brasa.*
Nandino, Elías. *Cerca de lo lejos.*

Novo, Salvador. *Poesía.*
Owen, Gilberto. *Obras.*
Pacheco, José Emilio. *Irás y no volverás.*
Pacheco, José Emilio. *Tarde o temprano.*
Paz, Octavio. *La estación violenta.*
Paz, Octavio. *Libertad bajo palabra.*
Paz, Octavio. *Pasado en claro.*
Paz, Octavio. *Xavier Villaurrutia en persona y en obra.*
Pellicer, Carlos. *Hora de junio.*
Pellicer, Carlos. *Obras. Poesía.*
Pellicer, Carlos. *Práctica de vuelo.*
Pellicer, Carlos. *Recinto y Otras imágenes.*
Pellicer, Carlos. *Reincidencias. Obra inédita y dispersa.*
Pellicer, Carlos. *Subordinaciones.*
Ponce, Manuel. *Antología poética.*
Segovia, Tomás. *Trizadero.*
Torri, Julio. *Diálogo de los libros.*
Torri, Julio. *Tres libros.*
Usigli, Rodolfo. *Teatro completo* (3 vols.).
Villaurrutia, Xavier. *Antología.*
Villaurrutia, Xavier. *Obras. Poesía. Teatro. Prosas varias. Crítica.*
Zaid, Gabriel. *Cuestionario.*

Obras completas de Alfonso Reyes

Reyes, Alfonso. *Obras completas.* I. *Cuestiones estéticas. Capítulos de literatura mexicana. Varia.*
Reyes, Alfonso. *Obras completas.* II. *Visión de Anáhuac. Las vísperas de España. Calendario.*
Reyes, Alfonso. *Obras completas.* III. *El plano oblicuo. El cazador. El suicida. Aquellos días. Retratos reales e imaginarios.*
Reyes, Alfonso. *Obras completas.* IV. *Simpatías y diferencias. Los dos caminos. Reloj de sol. Páginas adicionales.*
Reyes, Alfonso. *Obras completas.* V. *Historia de un siglo. Las mesas de plomo.*
Reyes, Alfonso. *Obras completas.* VI. *Capítulos de literatura española.*

Reyes, Alfonso. *Obras completas.* VII. *Cuestiones gongorinas. Tres alcances a Góngora. Varia. Entre libros. Páginas adicionales.*

Reyes, Alfonso. *Obras completas.* VIII. *Tránsito de Amado Nervo. De viva voz. A lápiz. Tren de ondas. Varia.*

Reyes, Alfonso. *Obras completas.* IX. *Norte y Sur. Los trabajos y los días. Historia natural das Laranjeiras.*

Reyes, Alfonso. *Obras completas.* X. *Constancia poética.*

Reyes, Alfonso. *Obras completas.* XI. *Última Tule. Tentativas y orientaciones. No hay tal lugar.*

Reyes, Alfonso. *Obras completas.* XII. *Grata compañía. Pasado inmediato. Letras de la Nueva España.*

Reyes, Alfonso. *Obras completas.* XIII. *La crítica en la edad ateniense. La antigua retórica.*

Reyes, Alfonso. *Obras completas.* XIV. *La experiencia literaria. Tres puntos de exegética literaria. Páginas adicionales.*

Reyes, Alfonso. *Obras completas.* XV. *El deslinde. Apuntes para la teoría literaria.*

Reyes, Alfonso. *Obras completas.* XVI. *Religión griega. Mitología griega.*

Reyes, Alfonso. *Obras completas.* XVII. *Los héroes. Junta de sombras.*

Reyes, Alfonso. *Obras completas.* XVIII. *Estudios helénicos.*

Reyes, Alfonso. *Obras completas.* XIX. *Los poemas homéricos. La Ilíada. La afición de Grecia.*

Reyes, Alfonso. *Obras completas.* XX. *Rescoldo de Grecia. La filosofía helenística. Libros y libreros en la Antigüedad. Andrenio: perfiles del hombre. Cartilla moral.*

Reyes, Alfonso. *Obras completas.* XXI. *Los siete sobre Deva. Ancorajes. Sirtes. Al yunque. A campo traviesa.*

LIBRARY OF DAVIDSON COLLEGE

Books on regular loan may be checked out for **two weeks**. Books must be presented at the Circulation Desk in order to be renewed.

A fine is charged after date due.

Special books are subject to special regulations at the discretion of the library staff.